现代物流与制造业协同发展理论与实践研究

丁 松 谢小淞 著

延边大学出版社

图书在版编目（CIP）数据

现代物流与制造业协同发展理论与实践研究 / 丁松，
谢小淞著. -- 延吉 : 延边大学出版社，2021.11
ISBN 978-7-230-02355-9

Ⅰ. ①现… Ⅱ. ①丁… ②谢… Ⅲ. ①物流－关系－
制造工业－产业发展－研究－中国 Ⅳ. ①F259.2
②F426.4

中国版本图书馆CIP数据核字(2021)第224596号

现代物流与制造业协同发展理论与实践研究

著　　者：丁　松　谢小淞
责任编辑：金钢铁
封面设计：王　朋
出版发行：延边大学出版社
社　　址：吉林省延吉市公园路977号　　　邮编：133002
网　　址：http://www.ydcbs.com
E-mail:ydcbs@ydcbs.com
电　　话：0433-2732435　　　　　　传真：0433-2732434
发行部电话：0433-2733056
印　　刷：北京市迪鑫印刷厂
开　　本：787毫米×1092毫米　　1/16
印　　张：10
字　　数：222千字
版　　次：2022年3月第1版
印　　次：2022年3月第1次印刷
ISBN 978-7-230-02355-9

定价：54.00元

前　言

现代物流技术包括软技术和硬技术，两者相互影响。现代物流以信息技术为中心，向信息化、网络化、自动化方向发展。在制造业中，现代物流技术深刻影响了制造业的各个环节。企业若要在竞争中占据优势，必须充分利用现代物流技术。现代物流不仅指原材料、产品等从生产到消费的全程实物流动，还包括伴随物流活动过程中的物流信息交流。而且，现代物流使用信息技术、网络技术，将以往分离的物流、商流、信息流和运输、采购、代理、仓储、配送等环节紧密联系起来，形成一条完整的供应链。因此，现代物流又是信息流、货物流、资金流和人才流的统一。

随着时代的发展，制造业物流运作在我国已逐步成型，但有关其标准化建设以及法规体系尚未搭建完善，具有一定的滞后性。针对目前存在的问题，需要在市场中统一竞争规则，统一规划和发展物流业以及先进制造业。基于制造业企业的特性，整合物流配送服务资源，提高配送效率。面对快速发展的先进制造业，我国更需要发展先进制造业与物流业的协同化、规划物流基础设施建设。具体而言，先进的制造业物流需要完备的运输系统、足够的仓储设施以及相应的仓储配送网络。不仅如此，还需要尽快搭建物流储存体系，包括配送分拨中心、物流园区等，此外，物流模式也需要不断创新，满足市场的多样化需求。随着物流服务体系的建立健全，物流模式的不断创新，我国制造业物流呈现出新的发展格局。

简而言之，科学的物流管理模式更适合社会发展趋势，而物流技术对所有物流公司都非常重要。由于科学技术的飞速发展，想要适应市场发展的物流企业必须改变原有的经营方式，明确消费者的实际需求，通过充分利用智能技术和科学的物流管理模型，在市场竞争中脱颖而出。

目　录

第一章　现代物流与制造业的基本理论

第一节　物流业与制造业联动发展

在当今社会，制造业是人类生存和发展的主要能动力，同时它也是每个国家乃至全球经济发展的重要支撑。随着制造业不断改革升级，它为物流业的发展提供了广阔的空间。与此同时，物流业的爆发式发展也为制造业控制了更多不必要的物流成本，进而提高制造业的竞争力。

一、物流业与制造业联动发展的内在机理

丁俊发指出，中国的物流业想得到更广阔的发展，首先要从制造业出发，制造业与物流业要联动发展。他从产业梯度的发展视角分析出当下中国第三产业的发展是在第二产业的基础上发展起来的。王晓艳从管理学与经济学的角度分析了制造业与物流业联动发展的现状并研究了两者的合作模式。在研究制造业与物流业的内在机理方面，学者们主要从物流成本、市场竞争力、产业关联度等角度分析。制造业与物流业是具有高度关联的两个产业，制造业的高物流成本推动了物流业的快速发展，物流业的快速发展又反过来为制造业提供了更加快捷的服务，节约了更多的成本。制造业与物流业在当今社会相辅相成、共同发展、互利共生，制造业与物流业联动发展是最优选择。

二、物流业与制造业联动发展的实施途径

（一）从制造业物流外包角度研究两业联动

在制造业物流外包的理论求证方面，刘艳锐、孙福田、索瑞霞等的观点是基于供应链改革的要求，选择把企业业务外包，当然不是核心业务外包，而是把物流业务外包，基于成本节约的原则以及在市场竞争力的多重决策下，选择物流外包利大于弊，为制造业快速

发展提供了有利的途径。①

（二）从物流业发展角度研究两业联动

我国的物流业起步较晚，当前物流企业的供给数量难以满足制造业物流外包的需求量，形成一种供不应求的态势。在相关研究方面，白平、陈菊红对第三方物流的发展进行了综述，分别从单向企业层次、双向企业层次以及网络层次对物流业与制造业联动发展进行了总结②；另外，何青和王喜成对第四方物流的发展进行了理论综述，这里不再赘述。

（三）两业联动发展模式的研究

物流业与制造业发展的关键在于联动发展、共同发展，但是二者发展的困难之处也在于联动发展。目前，就如何促进制造业与物流业快速协调发展，即如何建立制造业与物流业合作共赢的发展模式是制造业与物流业联动发展研究的重点和难点。李肖钢、赵莉通过对宁波市制造业的研究，提出了该市物流业与制造业联动发展的有效模式，他们认为制造业与物流业联动发展是制造业与物流业快速高效发展的必然途径。③郭淑娟、董千里基于物流业与制造业联动发展，归纳和总结了制造业与物流业联动发展的五种基本合作模式，分别是一次性合作模式、短期合同合作模式、基于实物运作的合作模式、基于管理活动的合作模式以及物流战略联盟合作模式，并对这五种合作模式的内容、特点与适用范围进行了分析评价。④

总体来看，目前制造业与物流业联动发展在模式研究和实施方面的经验尚有不足。随着社会进程的加快，市场竞争的内容与实质都在发生着巨大的变化，市场上供应链竞争的影响程度已经远远超过了某一单一企业间的竞争，所以物流业与制造业联动存在广阔的发展空间。

三、物流业与制造业联动发展的结论与展望

近年来，学者们对物流业与制造业共同发展的研究已经延伸到物流业在区域经济发展中的作用上，具体表现为物流业与制造业间的产业融合以及区域物流协同等方面，物流业与制造业的联动发展在很大程度上提升了制造业与物流业在市场上的综合竞争力，进而提高了区域经济的总体竞争力。目前要想促进物流业与制造业联动发展，需要从以下几个方面入手：首先，要提高物流业的整体服务水平和效率，深化物流业改革创新；其次，要提高制造企业服务外包的层次，例如从过去单向企业层次向双向企业层次以及网络层次转变

---

① 刘艳锐,孙福田,索瑞霞,等.基于效益最优的企业物流外包决策的量化研究[J].数学的实践与认识,2010（10）：40-45.

② 白平，陈菊红.我国第三方物流研究进展分析[J].科技管理研究，2010（18）：196-200.

③ 李肖钢，赵莉.宁波市物流业与制造业集群联动发展模式研究[J].价格月刊，2010（7）：40-42.

④ 郭淑娟，董千里.基于制造业与物流业联动发展的合作模式研究[J].物流技术，2010（13）：19-22.

或者综合发展；最后，在第二产业的基础上发展第三产业，促进第三方物流的发展，积极发展第四方物流业，对现有供应链的资源进行整合，实现物流业与制造业联动发展的最佳状态。

第二节　物流装备企业进入制造业物流的路径

近年来，中国物流装备行业快速发展，随着《中国制造2025》向纵深推动，越来越多的制造企业需要推动物流智能化，这为物流装备企业提供了新的机遇。本节主要对物流装备企业进入制造业物流的路径进行分析，并提出物流装备企业要深入了解智能制造物流的逻辑和作业场景需求，从解决功能性要求转为解决系统性要求。

一、智能制造需要合理的智能物流体系

众所周知，制造的对象是物料或者产品，而物料在供应链体系中是动态的，受到多要素的控制和影响，智能制造最大的特点是"物料会说话"。

合理的智能物流体系是真正能够契合企业智能化战略发展路径和要求的智能物流体系。在物料流动中，物料"是否说话"、是否"说得上话"、"说的话"是否有效，以及智能物流设施对语言是否有效响应；当产生过程差异的时候，关联物流设备是否能够自组织、自管理、自反馈，这些都是物流系统是否智能化的重要特征。

随着各行业智能制造试点的推行，智能工厂建设呈现出如火如荼的景象，尤其是汽车及其零部件行业、乳品行业、家电行业、电子行业、家居行业、服装行业、机械行业等，典型案例层出不穷。

不少客户都抱怨："物流仓储设施供应商不专业，不了解我们的需求，只想卖产品！""设备调试花了5个月的时间，还联不起来""立体库运行速度无法满足生产流量的要求""售后维护反应太慢，害得我们经常停产"……

而物流设备供应商也有自己的苦衷："这家客户只想降价，通过招投标挑起价格战""这家客户很不专业，不相信我们的方案可以搞定""这家客户尾款收不回来""这家客户连简单的设备运营维护都不行，大事小事都要我们赶过去，累死了"……

以上问题的存在，无法简单判断是哪一方的过错，但能显示出当前制造业物流体系的合理性存在严重缺陷。

当物流设备提供方不了解客户要求时，可能提供的产品和服务就是"不合理的"；当物流设备调试时间太长，立体库处理能力无法满足要求，客户无法理解和掌握智能物流设施的运作模式，智能物流系统也是"不合理的"。

智能物流体系是智能制造的重要组成部分。只有智能物流体系才能够将供应链上所有的制造元素动态地联系起来，为数字化、网络化、智能化制造提供物料基础。智能仓储设施之于物流，犹如智能制造设施之于生产，不可或缺。

二、仓储设施配置需要回归制造业物流的本质

制造业物流的本质在于"流动"。

如何流动？当然是"能说话的"物料标签（条码或者 RFID 标签），通过智能化的信息系统（平台），在预定的时间通过合理的方式（物流设施）将适当数量和包装的物料送到合适的作业点，以满足智能制造的要求。

为此，在配置物流设施时，需要做好以下工作：

首先，需要对所有的物料进行流动性分析，并且进行库存周转率的详细分类，所设计和配置的物流设施需要保证相应物料的可流动性。

其次，制造业内的物料流动应符合其工艺要求和生产计划要求。外购物料如何进场，自制件如何存储与配送上线？成品物流如何打包和下线，输送到成品立体库存储？这些都需要精准核算时间和节拍，并需要有信息系统来支撑。

最后，智能仓储物流设施必须保证物料的流动性，并且保证上下游的衔接是合理有效的。

关于物料如何流动，不同的行业、不同的产品需要不同的流动方式，这需要遵守物料的流动规律，而不是我们的"预设"。

比如，该叉车搬运就用叉车，该牵引车搬运就用牵引车，该连续输送就用输送机。当然搬运的前提，必须要确定不同物料的包装模式，才能够保证确认物料流动的时间、频率、数量、标签方式、存储、搬运、运输、配送方式（专业人士称之为 PFEP）。

前些年，有些企业使用 AGV 作为向工位配送物料的方式，但是在设备运行一年后又拆除了，原因是 AGV 无法匹配装配工位员工的生产节拍常常是员工需要物料了，AGV 还没有送到；或者 AGV 物料来了，员工还没有做完上个动作，AGV 不会等待，"扔"下物料就跑了。这个问题实际上就是 AGV 的应用是反智能化的，其根本原因在于忽略了物料流动的本质，物料有其自有的流动规律和节拍，物流设备必须遵守，否则再好的 AGV 也只是摆设。

再如电子产品（手机、电视、遥控器、芯片等）制造工厂，物料体积相对小、重量相对轻，物流量也大，更适合采用连续输送方式；如果有存储要求，尤其是当其存储时间相对较短，则适合使用箱式立体库。

综上所述，如果物流装备企业忽略了制造企业物料流动的本质要求，智能仓储系统建成的那天就是失败的开始，既害了客户，也把自己拖入"坑"里。

三、从解决功能性要求转为解决系统性要求

如果把世界上所有的汽车放到一间屋子里，从最好的汽车里挑选最好的零件，最后将这些来自不同车型和品牌的零件组装成一部车，能因此而组装出世界上最好的车吗？答案是否定的。因为结果往往不取决于任何单一零件独立工作的优劣，而是它们组合在一起形成完整系统的表现。

今天的智能物流体系中的各类物流设备同样有类似的匹配要求（互联互通以及协同提升），其实就是组成物流设备"生存与运作"的生态圈。那么如何匹配这些要求？用什么纽带来维系呢？这的确值得物流设备企业深入思考。

在做智能工厂项目的过程中，我们接触了很多物流设备供应商，发现他们很少关注客户流程，只想了解客户需要什么设备。不同的物流设备供应商有不同的核心能力与产品，如果企业只想卖设备，就容易遭受价格战，因为企业只满足了客户的功能性要求，而没有解决系统性问题，就无法帮助客户优化整个流程。对于物流设备供应商来说，要进入制造业物流领域，关键在于分析客户的价值链需求，了解客户要解决的问题，并提供符合客户需求的解决方案。

一个智能工厂的规划和建设应遵循以下四个步骤：

第一，考虑的不应该是采用多好、多现代化的设备，而是确定该工厂的战略定位，涉及行业发展态势、产品流转要求、生产制造的智能化程度、关键工序的智能化要求、关键物料/产品的智能化物流运作要求等。

第二是概念设计，涉及物流的部分有：物料的包装方式、流量、使用节拍、配送速率、配送频率、存储要求、工位配送模式、工位取拿和使用模式、工位器具、空容器管理等，从而梳理出物流技术原理和相关特征参数，初步定义物流技术与物流设备应用。这部分工作一般由咨询公司来定义（绝对不是建筑设计院），仓储物流设备供应商难以介入。

第三是初步布局，形成智能物流系统构建，可能涉及建筑功能区域定义、产品生产线的P-Q分析、智能制造的产线布局和设施需求分析、物流流线和关联设施、生产和物流运作、信息机制和触控模式等多个方面。系统解决方案出来后，一般会由甲方或者咨询公司召集物流设备供应商了解方案，并结合各自的主打设备和核心竞争力提供个性化的对应方案，然后才是供应商参加技术投标和商务投标。

第四是确定物流管理和运作流程以及物流信息系统选择。由于智能物流需要各类参数，比如物料BOM、供应商参数、到货提前期、包装参数、运输效率和频率、检验和放行时间、库存比例、工位配送节拍和方式、人机使用界面、物料总装模式、成品打包模式等，这些参数将决定流程的有效性和物流设施的有效性与兼容性，使物流数字化成为可能。

但现实中，不少制造企业发现花巨资购买的物流系统没有真正发挥其价值。G企业建设好了智能工厂，使用的是全球顶尖的制造设备、检验设备、立体库、输送机、AGV、

装配机器人等，但是到生产的时候，发现物流设备彼此不连贯，调试了3个多月才勉强能够运作。看似G企业实现了物流自动化，但真相却是所有物料在上输送线、立体库之前，都是以各类包装保存、随便存放的，连条码也没有，物料现场"乱得像菜市场"。显然，这种智能物流系统难以发挥真实的生产协同效应，形同虚设。

四、要深入了解智能制造物流的逻辑和作业场景需求

制造业物流难做，是因为涉及供应商、生产计划、工位物流配送等多个方面，具有严格严密的逻辑关系（既有横向的关系，也有纵向的关系），需要整个流程实现互联互通，更需要实现从产品标准设计到生产计划，再到物流计划排布以及执行过程的差异管理，还有过程中变数的预警和应急物流。制造企业的物料配送与搬运都有明确的节拍，这个节拍是由作业计划和物流计划协同而来的，即使是制造业的从业者也未必能够说清楚，更不用说能够单纯地依靠同质化的物流设备解决问题了。但是，物流设备供应商往往不了解制造业的工艺与流程，容易误以为制造业物流系统项目与其他物流项目一样提供设备即可，实际上很可能一不小心成了"专业的外行"。

近年来，中国物流装备行业快速发展，技术突飞猛进。然而大部分制造业客户并不认为仅仅在AGV、立体库、输送模式等技术方面有改进提升，就代表物流装备的技术创新。在他们眼中，物流系统方案应真实地解决客户的问题，只有合理有效的物流方案应用才是最好的技术创新方向。

但现实情况并不尽如人意。例如：H家居企业一直想找到一家智能生产线和智能物流设备商，当H企业找到十来家拥有汽车、家电等行业成功案例的供应商并进行调研后，没想到结果不是没有声音了，就是说自己做不了。原因是客户需要的物流设备不是标准化产品，而是个性化产品。该企业想上AGV解决成品沙发的搬运问题，结果来了各类型的AGV供应商，却没有一家为客户思考如何优化物流作业场景，使客户感叹"没有适合家居行业的物流设备"。

随着《中国制造2025》向纵深推动，越来越多的制造企业需要推动物流智能化，这对于广大仓储物流设备企业应该是又一个"风口"。当物流设备企业碰到智能物流需求时，建议多思考客户的作业场景和物流设备在该作业系统中的协同功能，从解决客户的现实问题出发，必要的时候还要教育和引导客户往物流合理化的方向推动。将物流设施卖给客户，才是智能化物流设备接受有效性挑战的开始，也是智能化服务落地的开始。

第三节 制造业企业物流成本的会计核算

在当前日趋激烈的市场竞争中，企业要想占有一席之地，提升核心竞争力十分重要。在各国产业的改造与升级的环境下，物流供应链也发生了很大改变，会计核算与财务管理也改变了以往的方式。物流成本会计核算工作的快速发展给会计人员的综合能力提出了更高的要求。因此，成本核算方式成为困扰财务人员的主要问题，本节以制造企业为出发点，就物流成本的会计核算方式进行分析，以此为促进制造企业的发展提供一些建议。

一、企业物流成本定义及分类

企业物流成本是企业产品在发生空间移动的状况下，所花费的物化劳动与活劳动的货币表现。制造企业物流成本指的是企业产品流动过程中所支付的所有流通费用。当前企业在实现第三利润源中，主要通过降低物流费用达到该目的，合理核算与控制物流成本是了解物流成本的重要部分。

不同角度下的物流成本分类也有所不同。从物流成本的功能来看，物流成本可划分为六个部分，分别为保管费、运输费、包装费、物流管理费、流通加工费、信息处理费；从成本支付的会计形式来分类，可将物流成本分为两个部分，即对内支付的物流成本、对外支付的物流成本；而固定物流成本和物流变动成本是按照物流成本的性质进行分类的。

二、物流成本核算的重要性

在当前市场竞争越来越激烈的环境下，企业要想获得良好的发展，降低物流成本，增强企业的利润是提升企业竞争力的主要方法。以往企业通过两种方式来提高核心竞争力：一是采用先进技术降低原材料成本；二是改进技术提升劳动生产率，以此使企业人力消耗得到降低。其中前者就是所谓的"第一利润源"，后者是"第二利润源"。而随着商品经济逐渐走向成熟，企业为了获得高利润，通常采用"第三利润源"的方式——物流，即通过降低物流成本来提升企业的竞争力。

（一）防止无效作业的发生

物流成本会计核算能够全面了解物流成本状况，及时发现与规范要求不相符的活动。通过分析成本，反映出企业生产状况，将其中的无效作业消除，使作业链与价值链更好地优化。企业要想使产品成本降低，应当将不合理作业去除。当前大部分企业十分注重生产与销售，而对物流成本的控制不太重视，导致企业的物流成本逐渐增加。在市场竞争越来越激烈的情况下，与销售额的提升相比，降低物流成本相对更简单。由此可知，降低物流费用会降低成本，有效提升企业的竞争力。

（二）提升企业资源利用率

减少消耗、增加经济效益是企业物流成本核算的主要目的，有效的物流管理在这个过程中发挥着重要作用。要想保证物流成本核算与管理工作质量，降低装卸、搬运和储存费用十分重要。同时，企业还应当做好各个部门之间的协调工作，使各个环节的工作效率得到提升，为提高企业资源利用率奠定基础。在企业内部成本管理中，物流成本核算占有重要地位，能为企业提供较为准确的成本信息，为增强企业的竞争力提供帮助。

三、物流成本核算存在的问题

我国的物流成本偏高，主要是由较差的物流基础、落后的信息技术以及管理方式不正确等因素所致，另外还有个最重要的原因，就是物流成本核算不清，导致无法准确核算与反映物流成本。有的企业管理人员并不清楚物流耗费的情况，也就无法合理控制物流成本。因此，准确核算物流成本能更好地控制与降低企业成本。当前物流成本核算的问题主要有以下几个方面。

（一）缺乏明确的会计制度与准则

当前企业物流成本存在的最突出的问题就是没有明确制定会计制度与准则，而且在物流成本核算过程中，少部分的物流费用根本无法满足物流核算的全部内容，使物流成本信息无法全部显示，影响企业的正确决策。另外，由于物流成本核算时极易与其他费用相混合，使物流成本信息与其他成本费用混杂，企业在了解物流成本信息过程中，需要费一定时间才能得知相关信息，且物流成本信息不够完整，这对企业物流业务管理工作带来很大的影响。

（二）缺乏专业的财务管理人员

从当前实际情况来看，企业财务管理人员的综合素质还有待提升。近年来，高校对综合型人才的培养十分重视，不论是本科院校还是高职院校，都将综合型人才作为教育的主要目标。但在实际教学中，往往更加注重财务人员工作的独立性，使其能在财务领域独立完成相关工作，而在物流行业专业性较高的财务人员相对较少。

（三）物流成本会计核算与其他成本会计核算的混淆

物流活动是企业生产经营的核心，产品从生产到销售的所有环节都与物流有着密切的联系。在实际中，物流成本费用与其他领域的费用经常罗列在一起，极易导致核算混淆现象发生。比如：有的企业在核算产品成本时，将其资金纳入行政管理费用成本核算中，直接加大了物流成本信息核算的工作难度，导致物流信息不准确，给物流成本管理工作带来巨大影响。

（四）和物流成本有关的财务报告方面的问题

当前企业制定的资产负债表和理论表还存在不足，主要是由于其无法提供较为全面、准确的物流成本金额，且使用的报告物没有达到标准的要求。比如：有的企业采用传统的运输成本报告方式无法满足当前物流成本有关财务报告的要求。因此，企业应当根据实际需求，将企业所产生的所有费用集中核算，为保障企业成本物流管理工作的顺利开展奠定基础。

四、制造企业物流成本核算的构建方法

会计核算方法是为企业提供物流成本管理所需信息不可缺少的一部分，下面就对制造企业物流成本核算的构建方法进行分析。

（一）物流成本科目的增加

在保证企业原有的财务框架下，对企业各个科目下增加物流成本二级账户，其中包括销售费用、管理费用、制造费用及生产成本等科目。同时，在采购、销售、废弃物、企业内部成本下设立物流成本三级账户。采购物流成本是指原材料从采购到输送给企业的过程中产生的费用；销售物流成本是指企业产品从完成到入库阶段所产生的费用；废弃物成本是指企业在处理回收生产时排放的废弃物所产生的费用；企业内部物流成本是指从领用原材料到成品的入库过程所产生的费用。企业应当根据实际情况，细分各项费用科目，这样才能为企业提供更加全面的物流信息，为今后核算的便捷操作奠定基础。同时，能够帮助企业及时了解物流成本信息，更好地控制企业物流成本。

（二）建立完善的物流成本核算制度

要想使企业物流成本得到良好的控制，制定完善的物流成本核算制度十分必要。要着重考虑物流成本核算制度的可行性和完善性。完善的核算方法、审批程序是物流成本核算制度的基础，其目的是保证物流成本核算工作更加规范。企业应注重各个工作岗位责任的划分，使各部门的工作人员认真履行自身的工作职责；还应加大物流成本核算的监督力度，为保证物流成本核算工作质量奠定基础。一个完善的物流成本核算标准具有重要作用，因此，企业应构建较为完善的物流成本核算标准，为促进企业的发展提供保障。由于每个企业对物流成本核算的标准不同，这会对高效的物流成本管理带来很大影响。因此，构建统

一的物流成本核算标准是当前企业的首要任务。

（三）构建科学的物流成本会计模式

企业应根据实际情况，选择合理的物流成本会计核算模式，为真实反映企业物流成本奠定基础。因此，构建科学合理的物流成本会计模式十分有必要。物流成本核算模式有三种，分别为单轨制模式、双轨制模式、物流成本二级账户模式。其中单轨制模式是指在现有的会计核算制度基础上增加与其相匹配的物流费用科目，达到物流成本核算与其他成本核算的结合。双轨制模式对财会人员有着较高的要求，其先提取以往较为混杂的物流成本核算，之后再对每个账目进行单独核算。物流成本二级账户模式具有较多优点，比如操作简易、工作量较小等，其主要是在企业当前的成本项目科目下设立二级成本核算。总之，企业首先应遵守经济效益原则，之后再根据企业实际情况选择合理的物流成本会计模式。

总而言之，要想使企业的竞争力得到增强，开展物流成本会计核算工作十分必要。它能够为企业提供全面、准确的物流成本信息，为企业制定正确的经营决策提供帮助，同时还能防止无效作业的发生，提升企业资源利用率。然而，从实际情况来看，制造企业物流成本会计核算还存在一些问题，比如：缺乏明确规定的会计制度、不规范的物流成本，等等，给企业物流成本核算带来不良影响。因此，企业应深入分析这些问题，并采取有效的解决措施，为控制物流成本、推动企业经济效益奠定基础。

第四节　制造业物流信息集成分析与研究

企业生存和发展的问题离不开先进的经营思想和理念，但最终还要通过先进的技术和硬件进行具体实施。物流业务流程不外乎计划、采购、库存配送、流通加工以及成本核算等环节，但对内要求能做到高效、低成本，对外能做到准时、高质量、客户满意。没有信息化的物流管理是非常艰难的，特别是制造业，其产品具有品种数量多、研制周期长、过程关联性高等特点，更要借助信息化手段，将多个环节整合在一起，运用各种优化方法进行运作资源、客户资源的整合，以一个整体面对物流的各种需求，因此，制造业物流系统的有效管理是行业发展的必然趋势。

一、制造业物流系统构建的背景

（一）提升企业竞争力的强烈要求

物流信息化已成为社会经济健康、快速发展的必然要求以及国家信息化建设的重要组成部分。信息技术在物流业的创新应用，使物流面貌日益改善。国内外实践表明，物流信息化可降低物流成本，提升行业效率，促进区域发展，特别对于大型制造业来说，物料的周转速度、物流成本的控制是衡量企业竞争力的重要指标，因此，物流系统的有效运作尤为重要。

（二）企业内部管控的迫切要求

随着物流行业竞争的日益激烈，制造业已逐渐意识到加强企业物流信息化管理的重要性，如何满足物流信息共享和业务协同操作的需求，是制造业企业面临的重要问题。目前，企业在物流管理中面临的主要问题有以下几个方面。

1. 缺少物流信息共享的沟通平台，形成"信息孤岛"

企业间物流信息交换异常频繁，客观上需要提高企业内部物流信息交互的效率。在实际运行中，由于制造业企业沿用以前的企业信息管理系统，通常情况下，这些信息是异构的，即使是同构的，也是独立运行的。因此，缺乏企业间物流业务的协同操作和信息的集成管理，无法实现物流作业的有效控制和物流需求信息的共享，从而形成了"信息孤岛"。

2. 单据处理时间长，物流效率低

目前，由于资金、技术水平等方面的限制，许多制造业企业关于物流作业的信息化管理水平还很低，仍然需要借助电话、传真等通信工具实现企业之间的信息沟通，以纸质单据的形式记录物流数据和零配件信息等，这种人工操作的形式不仅造成很多相同数据的重复填写，产生大量的冗余单据，而且单据不易保存、传递和查询，在业务处理时既浪费时间，又造成了很高的错误率，极大地降低了物流效率。

3. 数据传递不及时，管理透明度低

在物流过程中数据传递相对滞后，当有新情况出现时，无法实现及时、快速地协作调整。数据传递不及时不利于协调企业资源，还会造成人力、物力的浪费，影响企业资源的有效利用，从而增加物流成本。

二、制造业物流系统构建的内容

制造业物流系统一般包括供应物流、生产物流、装配物流等，涉及从采购、生产加工、装配、测试到销售的全过程。为确保物料流转顺畅、高效，制造业企业应对材料供应、零件制造、组件装配、部件装配和总装等生产过程进行监控梳理，构建拉动式生产计划控制策略，建立零件生产的 TOC 物流管理方式，建立物料集中配送体系，构建物流系统的信息共享平台，实现对整个企业物流的高效管理。

（一）建立拉动式生产管控策略

物流管理系统主要面向供应物流、生产物流与装配物流等，功能模块包含生产计划管

理、采购管理、库存管理、配送管理及装配管理等。各模块之间协同运作，密切联系，特别是生产计划，它是整个生产过程的起点，贯穿整个生产过程。生产计划的好坏会直接影响执行的效率，因此，建立好完善的拉动式生产管控体系尤为重要。

拉动式生产管控是从装配阶段开始，以装配需求拉动零件需求，零件需求再拉动物料需求，在三级需求的驱动下，实现原材料的采购配送、零件的均衡生产、装配的持续进行，进而保障整个生产的正常进度。基于拉动式生产，生产计划控制采取二级管理方式，即主生产计划和部门级作业计划。

主生产计划是确定每一个具体产品在每一个具体时间段的生产计划，包括装配计划、零件计划，同时主生产计划驱动物料需求计划，物料需求计划驱动采购计划，实现宏观计划到微观计划的过渡与连接，使生产物流按持续的方式进行，保证物流源头数据的正确性。

部门级作业计划是在主生产计划的基础上细化编制作业计划，并提出领料需求计划，由供应部门编制物料配送计划。在此过程中，制造业企业要经过物料配送计划到领料需求计划的反馈、领料需求计划到部门作业计划的反馈、部门作业计划到主生产计划的反馈，通过层层反馈，层层传递，保证物流生产数据的准确性、可追溯性。

（二）建立物料集中配送体系

制造业企业涉及产品项目多，具有产品结构复杂、品种数量巨大，产品研制生产周期长等特点，这些因素造成物料流转数量巨大、物流路线繁杂，使物流管理变得困难，物料配送难度加大。因此，制造业企业必须建立统一的集中配送体系，动态反映各个环节物料的状态以及配送情况，实现"集中配送、降低成本、高效运营、支撑有力"的目标。

物料集中配送首先是配送计划的编制，相关人员根据领料需求以及库存生成配送计划。其次是储存，储存有储备和暂存两种形式，储备是保证配送稳定性的周转储备和风险储备，是通过各个物料的安全库存进行严格控制的；暂存是配送时按照配送计划，在各个单位的库房少量备货。再次是配货，根据配送计划分类匹配作业，主要按照物料的类型，如零件、成品、备件、原材料、工装以及工具等进行归类、核对，配货是配送过程中的关键环节，配货水平的高低关系整个配送系统的效率与水平。最后是配送、接收，配送是按照不同单位和不同的物料以及送达的时间进行合理配装，可以提高车辆的载货效率和运输成本，从而提高配送水平、降低成本；接收是物料到达指定场所，处理相关手续及结算等。

集中配送后，物料准时配送率大幅提高，及时和准确的有效配送机制将为生产过程的顺利完成提供保障，缓解供需双方的矛盾，提高服务水平，协调各部门对物资的使用，使服务更加迅捷和高效，同时保证供应物流的准确性。

（三）建立 JIT 零件生产管控的物流模式

JIT（Just In Time）是一种以消除制造过程中的一切浪费为宗旨的准时生产制造的管理理念，倡导不断改善，向浪费挑战，研究从根本上解决导致生产率不高的问题，本质在于依靠缩短提前期、减少准备时间、减小批量，达到制造能力的极大提高。

　　企业的生产按照 JIT 方式进行生产管理，根据主生产计划及原材料配送情况、库存资源等下达部门作业计划，采用 JIT 准时制造，对零件加工流程进行全面梳理、优化、精简；对设备、人力等资源的配备进行统一管理；对物流加强监控，减少开工的等待时间，促进零件加工有序进行，物流有序运转，从而将信息流与物流紧密结合，使生产加工的各个环节可控制、可追踪，确保生产加工物流的正确性、及时性。

（四）建立基于 SOA 架构、采用 ESB 技术集成的物流信息平台

　　为了有效组织内外部资源、提升内外部物流管理能力，实现物流数据的网上协同，制造业企业需将企业的信息管理系统进行统一集成，实现物流的有效控制和信息共享。

　　SOA 是一种面向服务的架构，其核心是服务，涵盖服务的整个生命周期。SOA 的核心理念是业务驱动，采用松耦合、灵活的体系架构，满足随需应变的业务需求。基于 SOA 架构的物流信息平台，使业务模式和流程通过服务的重新组合变得更加灵活，企业从制定战略到梳理业务流程，再到资源的配置、协调和协作，都可在该平台上实现。由于企业物流信息来自不同的信息系统，有同构的，也有异构的，为了信息的共享，可采用 ESB 技术进行物流信息的集成，保证信息安全和传输可靠。

　　本节通过对制造业物流系统的分析与研究，剖析企业间物流数据的交互方式，提出构建制造业物流信息平台，实现企业内部异构信息系统间的物流信息的集成，极大地提高了企业物流的工作效率，使企业可以准确、全面、及时地把握物流信息的变化情况，提高企业物流的工作效率。

第五节　制造业与物流业联动发展的途径

　　制造业是我国经济发展的重要支柱产业，也是国民收入的重要来源。但当前制造业的发展受物流效率和物流成本的影响较大，在这种情况下，现代制造业需要与物流业进行联动发展，两者优势互补，并进一步整合制造业与物流业之间的功能，使物流业和制造业之间战略适应，为两者联动发展打下坚实的基础。

一、制造业与物流业联动发展模式分析

（一）物流托管

　　由于制造企业拥有物流设施产权，可以将管理职能进行外包，即通过出租物流设施实现物流托管。这种模式对于当前物流业的发展具有极为重要的意义。当前我国大中型企业

服务模式采用的都是供销一体化和一条龙的形式，物流基础设备设施占固定资产比重较大，当物流业务资产完全剥离，必然会增加企业改制及市场经营的难度。而且制造业内部的物流只服务于本企业，客源缺乏，这也导致制造业内部物流设备调入使用率低，存在资源浪费问题。另外，当前多数物流企业发展速度较快，自身的资源无法满足发展需求，物流托管模式可以更好地解决这一问题，使物流企业在短时间内优化配置资源，实现制造业和物流业之间的合作共赢。

（二）物流交易所

制造业与物流业联动发展受到阻碍与缺乏物流供需交流平台有较大的关系导致信息资源缺乏共享。因此应发展物流交易所模式，通过提供更为便利的场所为物资的集中竞价和有组织交易提供更多便利。通过加大对物流交易所的打造，使其发展成一个区域性或是全国性的平台，必然会进一步促进物流供需双方的沟通和交流，确保物流外包交易的低成本和高效率，加快推动物流业的繁荣发展，促进制造业不断发展壮大。

（三）合资

在制造业与物流业联动发展过程中，合资模式要求制造业对自身内部物流资源进行整合，并与国内外相关的物流业法人代表组建外资国内股份制或是中外合资物流公司，通过这样的合资发展模式，制造业不仅能够获取长期的高效物流服务，物流业也能够获得可靠的客户流，使制造业和物流业都能够获得持续发展，实现共赢。

二、制造业与物流业联动发展的创新途径

（一）加强产业关联性，获取协同效应

制造业和物流业应联动发展。在实际操作过程中，制造业通过将物流业务外包给专业的物流企业，并向对方及时输送相关信息，为双方合作过程中信息资源共享打下良好的基础，使物流企业能够快速接手物流业务。同时双方通过建立信息交流平台，实现信息共享，为制造业和物流业的联动发展打下坚实的基础。在制造业和物流业合作发展过程中，各自要基于自身的特点和服务功能开展合作，在合作中，制造企业要为物流企业提供生产制造、产品研发等服务，物流企业则负责相关的仓储发货、产品销售和物流配送等物流活动，双方分工合作，通过深度合作实现相互融合和渗透，从而形成互惠共赢的局面。

（二）互利共赢，公平合作

制造业和物流业在合作过程中，必须坚持互利共赢和公平合作的原则，并遵循一定规律，实现可持续发展理念。因此，制造业必须突破传统理念的束缚，不断优化业务流程，加强物流管理模式的创新，积极寻找专业化的物流服务，将重点放在产品制造研发上，为

日后专业物流服务提供基本的原材料供应；而物流企业应充分了解制造企业相关的物流业务流程，依据整合集成、高效服务和节能环保、增值服务等原则，不断完善和提高物流业的服务水平，为制造业提供相对优质的服务。如此，在加强自主创新的同时，还能进一步推动制造业和物流业的共同发展，优化我国的产业结构。

（三）构建新合作关系，降低外包风险

在为制造业提供物流服务时，物流业应真正融入制造业的物流管理机制流程中，并成为制造业物流计划中可靠的管理执行者，改变传统的物流服务合作中服务功能单一、合作关系不稳，且合作双方存在较大利益之争等局面，并为双方搭建互惠互利，互补协调的合作伙伴关系，帮助制造业优化相关物流服务方案。此外，若想更好地促进两者的联动发展，物流企业还应让制造企业充分了解自身的物流服务能力和资源，营造一个流程合理、职责明确、成本公开透明的物流服务环境，有效降低制造业对于物流服务外包的风险性，为双方的联动合作创造更多的机会。

（四）提高信息化程度，构建规范化的信息交流平台

提高信息化程度，提升物流信息的规范化与标准化是促进制造业与物流业联动发展的重要途径。随着经济与计算机技术的发展，信息化逐渐成为企业竞争的重要因素。在两业联动发展的过程中，提升两业的信息化技术，提高信息化程度，既有利于完善企业的经营管理，又有利于提高两业间的合作效率，提升信息的交流速度，实现信息资源的共享。此外，通过建立规范化的物流信息服务平台，还能促进供应链管理中各个环节的透明度，实现信息的对等。要做到信息的规范化就要让物流管理达到标准化要求，在技术与作业等方面都要严格开展工作。

制造业和物流业的联动发展已开始较长一段时间，而且在当前市场快速发展的新形势下，无论是制造业还是物流业，其发展规模都不断扩大，具有较强的市场潜力。随着互联网技术的进步，物流业已成为国民经济发展的重要支柱产业，因此制造业和物流业的联动发展具有必然性，两者相互协调，在实现互利共享的同时，还能够有效提升各自的综合运行效率，为相关产业供应链的竞争发展起到积极的带动作用。在这种联动发展形势下，制造业和物流业需要认清形势，形成优势互补，不断提高各自的核心竞争力，并在联动发展过程中注意创新，更好地发挥出联动机制发展的协同作用，促进产业结构的优化升级，为制造业和物流业的持续发展奠定良好的基础，促进我国经济更快更好地发展。

第六节　制造业进出口业务物流成本控制的途径

制造企业在进出口业务中，频繁采购境内外原材料及将产品销售到境内外，在此过程中会产生运输、包装、报关、储存等物流成本。如何管控物流成本，使其发生更为经济合理，是摆在企业面前的一个现实问题。因此，有必要通过行之有效的手段降低物流成本，促使企业走上发展的道路，提升企业产品综合成本在市场中的竞争力，以获取更多的利润。

一、当前企业物流成本管控存在的问题

（一）优秀物流人才凤毛麟角

在制造企业中，很多物流从业人员都没有系统地学过物流学的专业知识，在工作中仅仅能应付基本的业务，稍有复杂之事则难以胜任，涉及进出口报关业务也会频频出错，不堪重压之下跳槽频繁，团队难以稳定，更难以建立高素质的团队。

（二）运输线路有待优化

在采购原材料及销售产品的运输过程中，特别是国际运输中，是采用空运、陆运，还是水运、海运，未能充分权衡比较各种方案，导致多花运输成本及储存成本等情况时常发生。

（三）供应商选择未货比三家

在选择物流运输供应商及代理报关公司的过程中，未严格按公司制度选择。实际情况是，这些供应商服务质量不高，但收费并不便宜。再者，对供应商的绩效评估"走过场"或没有按标准进行评估，这些都导致物流成本居高不下。

（四）报关费用五花八门

物流运输及报关产生的费用单据较多，进进出出的单据拿到财务报销，财会部门难以审核其真实性及合理性，一些不该报销的费用也报销了，造成公司不应有的损失。

（五）运输工具大材小用

在采购及销售所选用的运输车辆时，不能很好地利用其空间，空载率高，而收费标准是按照运输工具相应的吨重来收费的，造成费用的多支付。

（六）运输报关服务合同签订不够谨慎

所签订的运输、报关等合同条款未认真推敲细节，审核环节不到位，一旦出现问题，将对己方造成极大的不利影响。

（七）没有总体控制的标准

制造企业特别是中小企业没有编制包括物流成本的预算，在实际经营中信马由缰，无拘无束；或编制的预算过于宽松，实际难以达到控制的效果，预算失去应有的管控职能。

（八）物流成本归属模糊不清

制造企业的财会核算对物流成本的认识不足，物流成本并没有进行单独的集中核算，而是直接划归企业的采购成本、生产成本、销售费用及管理费用中，所有发生的物流成本难以从中剥离，从而在进行企业物流成本分析时产生误判，导致决策不当。

（九）信息化发展徘徊不前

不少制造企业的物流管理仍处于人工的操作模式，信息集成程度不高，无法做到信息的共享和交换，导致物流管控效率低下。

二、企业物流成本管控对策

（一）提高物流专业人员的能力刻不容缓

先进的管理方法是由人来处理的，为了更好地降低物流成本，物流人才是必不可少的前提条件，优秀的人力资源是企业发展的重要资源。所以，制造企业需要以有效的方式来提升整个物流团队的业务素质，不仅招得来优秀的人才，还要留得住关键人才。

（二）物流管理制度要日趋完善

建立运输合同管理、报关管理、仓储管理等方面的管理制度，并根据实际情况不断改进。有了成熟的制度后，在执行的过程中还要严格履行，更好地选择和评估供应商，杜绝舞弊行为，减少随意破坏制度而带来的不利影响。

（三）加强对企业成本的控制

在制造企业中，要改变重生产成本控制、轻物流成本的管理观念。树立全面成本管控，包括物流成本管控的意识，鼓励员工尤其是物流人员积极参与物流成本管控，只有这样才能更有力度、更有目标地降低物流成本。

（四）对运输等物流成本与采购成本管控统筹兼顾

要想降低全年的运输成本，可以加大每批原材料的采购量，但其中也有"度"的问题，如果一味紧盯运输成本的降低，将会导致存货成本及仓储成本的增加而得不偿失。最好的办法是站在整个公司的角度，从销售、生产、采购、物流等全盘考虑，借助相应的技术方法计算出一个最佳平衡点。在全面管控物流成本的基础上，对运输成本这样的重点物流费用进行梳理分析，如对运输线路的优化、对各种运输方式科学组合，打出降低物流费用的"组合拳"。

（五）切实重视物流信息化建设

物流信息化是提升现代物流管理能力和管理水平的重要保障，企业应权衡投入与产出的关系，要舍得投入一定的资金，将先进的成本管理软件和信息技术应用于企业日常管理中。通过采购系统、运输管理系统和仓储管理系统等集成的大数据实现物流全过程，包括进出口环节物流成本的可视性、可控性，从而大大降低企业运营成本。

（六）在财会核算和归类上要方便追根溯源

由于物流成本覆盖面较广，为了深入反映物流费用，包括进出口物流成本的全貌，需要将物流费用从其他费用中分离，设立二级及更为细化的分类账目进行核算，便于财务分析时取得基础数据。

（七）财会管理思路要常变常新

按照管理会计的理念，运用作业成本法在不同的产品间分摊消耗的物流成本费用。作业成本法根据"成本对象消耗作业，作业消耗资源"的思想，将重点放在作业上，首先依据作业资源的消耗情况（资源动因）将资源成本分配到作业，再依据作业对成本对象的贡献方式（作业动因）将作业成本追溯到产品。如：对运输成本的分摊，可以按照运输里程作为作业动因来处理。通过该成本分配方法处理，为企业决策和控制提供正确有用的会计信息。

（八）财会部门对物流成本应积极关注

（1）物流人员特别是报关人员申请报销支付物流费用，单据既有政府部门收费，又有较多的运输单据，境外的还有多种形式的发票。财会人员在审核凭证时要特别关注付款申请人提供的单据的真实性，检查是否存在不合规的单据。

（2）审核附件单据是否与实际经营业务一一对应，包括与采购及销售货物对应、与发生地点对应、与发生原因对应。

（3）通过强化财务管控手段，对费用状况存在的问题"全面诊断"，财务部门将实际费用与预算比较、与过去实际比较、与同行业标杆比较，通过绝对指标及相对指标、个别指标与总体指标分析，通过单位运输、报关及运输途中储存成本等揭示其中存在的问题，再全力"对症下药"。

（4）与采购、物流部门一起针对采购及运费比较 FOB、CIF 贸易条款，看看哪个更为合理，以便采取不同的采购策略。

（5）对于因供应商及客户的原因而产生的紧急采购原材料导致增加的费用，需协调采购、物流及销售部门由供应商或客户承担。

第七节　对制造业降低物流成本途径的分析

作为"第三利润源"的物流，越来越得到我国制造业的关注。近几年制造业的物流运作效率和管理水平都在提高，但物流费用率还是比日本高出 3.6%，生产成本中物流成本占到了 30% 左右，比发达国家的平均水平高出很多，可以看出制造业还有很大的空间来降低物流成本。

一、内部，以对物流成本的完善核算降低成本

（一）制造业物流成本的特点

物流成本是企业为完成运输、装卸、包装、仓储、流通加工、物流信息和物流管理等物流任务而付出的代价。从财务会计角度看，物流成本既存在于各项费用中，又存在于某些资产价值里。从管理会计角度看，存货等资金占用成本、缺货成本等也属于物流成本，因此物流成本具有隐蔽性和复杂性的特点。尤其在制造业，物流活动贯穿整个生产经营过程，既有内部的也有委托外部的第三方物流，物流成本呈现出分散混乱的特点。

（二）制造业物流成本核算的现状

物流成本的上述特点，使得制造业对物流成本的核算有难度，造成物流信息核算不全面，没有专门核算物流成本的一级科目，财务会计范畴的显性物流成本有明确反映但分散于资产成本费用等各个相关账户中，管理会计范畴的隐性物流成本基本被忽略，致使物流成本信息失真。掌握准确完整的物流成本信息是找到降低成本途径的前提。采用适合的核算方法进行物流成本核算对制造业降低成本有积极作用。

（三）可选择的物流成本核算方法

1. 作业成本法

"作业消耗资源，产品消耗作业"是作业成本法的基本思想。基于作业成本法核算物流成本，首先，分析确定资源和作业。制造业物流活动的主要作业有采购作业、运输作业、仓储作业、装卸作业、加工作业、配送作业、信息处理作业等。资源是成本费用项目的载体，是保障作业正常运行付出的代价。其次，分配资源至作业成本库，即确定资源动因，将明细分类账上的资源分配到与之相关联的作业中。会计处理借记某项具体作业，贷记库存现金、银行存款、应付职工薪酬等。最后，将成本分配到作业成本对象，计算物流作业成本，即确定作业动因，以作业动因为依据，计算成本动因分配率，将成本库整合得到的作业成本分配到产品中。作业成本法在间接费用分配上考虑到了不同的成本动因，在分配结果的准确性上有传统成本核算方法不可比拟的优势。在不改变财务会计现有成本费用核算体系的情况下，成为独立的物流成本核算系统。

2. 会计与统计结合的核算方法

对于显性物流成本，采用会计核算方法，可以设置"物流成本"账户，下设供应、生产、销售、回收、废弃物流成本二级账，运输、装卸、包装、仓储、物流信息、物流管理等三级账，薪酬、折旧、维修、保险、审验、税费、其他等四级账，将从"在途物资""原材料""生产成本""制造费用""管理费用""销售费用""营业外支出"等账户中剥离出的物流成本分别记入。对于隐形物流成本，采用统计核算方法，逐一分析计算各种存货的资金占用成本、缺货成本、客户流失成本等，并于期末统一核算出来。采用这种核算方法，可以保证物流信息的完整连续，并且不与现行财务会计冲突，操作简单易理解。准确详尽地掌握物流成本信息是企业降低物流成本的前提。人员素质高，信息化程度高且间接费用比例高的企业可以选择作业成本法核算，一般中小型制造业可以选择会计与统计相结合的核算方法。同时希望在财务会计领域和管理会计领域能出台规范制造业物流成本核算的规则办法。

二、外部，以制造业和物流业联动发展降低物流成本

（一）制造业和物流业联动发展的必要性

作为国民经济第二产业的制造业是我国支柱性主导产业，物流活动和物流业务贯穿了企业经营活动的全过程，需要投入大量人力、财力、时间对其进行核算和管理。而运输、装卸、仓储、搬运、配送等正是物流企业的专业服务领域。显然，制造业和物流业之间存在很强的行业关联性，制造业提升核心竞争力改进技术，扩大生产规模会释放更多的物流需求，这会促进物流业产业规模的扩大，服务模式和技术的创新，其专业服务能力有助于

制造业降低物流成本，促进产业升级转型。从交易费用角度来说，制造业选择自营物流还是第三方物流要看在市场交易中所产生的交易费用的高低。当制造业和物流业联动发展，稳定的合作关系会减少联动发展双方的机会成本和不确定风险。这种双赢共利的结果可以促使在产业链处于上下游的制造业和物流业都去提升核心竞争力，提高产业链的整体效率水平，让社会资源得到最优化配置。

（二）制造业和物流业联动发展的现状

第一，制造业和物流业联动发展产生的影响是相互的，这种影响使得作为整体的企业效益得到增强，但中小型制造业承担第三方物流成本的能力较弱，对联动发展的积极性不高；第二，不论是经济发达地区还是欠发达地区，制造业释放的物流需求对物流业的带动作用明显，而物流业对制造业的带动作用有限；第三，物流业在企业规模、人员素质、服务水平、信息沟通上尚不能满足制造业需要高质量物流服务的需求，对制造业降低物流成本，提高经济效益的作用需要进一步提升。

（三）促进联动发展，降低制造业物流成本的建议

（1）制造业改变认识，推动联动发展。制造业要摒弃传统"大而全、小而全"的思维模式，主动谋求与物流业深层次的联动发展。要认识到联动发展在节约自身物流成本的同时，可以使企业将关注点更多地用于提升核心竞争力上，竞争力的提升一方面可以提高产品的市场占有率，增加产品附加值；另一方面也会释放更多的物流需求，形成与物流业的良性循环，达到共赢的目的。

（2）物流业制定服务标准、管理标准，扩大服务范围，提高服务水平。物流业可以对制造业的物流需求进行细分，按不同需求制定不同的服务方式，提供更具针对性的服务。在传统服务项目上拓宽业务范围，拓展增值服务，能为制造业提供完整的物流解决方案，降低制造业物流成本。在"互联网+"时代，物流业要充分利用物联网技术、自动识别与标识技术、可视化技术、数据交换技术、货物跟踪技术等，建立满足市场需求的技术支持系统，提高企业的运作效率和对市场的反应能力，对两业联动发展，特别是对制造业的发展起到推动作用。

（3）对现有的信息资源、信息平台进行整合，建设制造业和物流业的公共信息平台，成为特定领域两业互通信息的桥梁，实现物流信息共享，提高物流活动的信息化程度。

（4）加快基础设施建设，积极推进多式联运，降税清费。基础设施建设不仅影响制造业的发展，更是物流业得以发展的硬件保障。而衔接公路、水路、铁路、航空等各种交通方式，实现多式联运是降低物流成本的有效措施，物流成本较公路运输平均可以降低30%；转移10%的公路中长途运输，能源消耗可下降约1000万吨标准煤；形成多式联运机制，就可以实现几何倍率增长的货运量。因此要着重解决重点港口和大型物流园区、公

路港、铁路港、无水港等实体平台的无缝衔接，协同联动。同时我国物流企业管理费用中制度性物流成本占比较高，政府层面的简政放权、降税清费也是降低物流成本的重要工作。

第二章　现代物流与制造业模式

第一节　制造业与物流业联动发展的模式、机理

制造业与物流业联动发展是指在专业化分工和产业关联的基础上，为了增强企业的核心竞争力，制造企业将其物流业务外包给物流企业，物流企业发挥其专业化优势为制造企业提供高质量的物流服务，两者进行产业协作，促进双方协调发展的过程。制造业的快速发展可以为物流业提供更多的物流供给，物流业的快速发展可以为制造业的发展提供基础性的保障，两者联动发展可以加强企业国际竞争力，提高国民生活水平，共同促进国民经济又好又快发展。

一、制造业与物流业联动发展的现状和存在的问题

（一）制造业与物流业联动发展的现状

随着经济全球化和区域一体化的不断深化，我国制造业的发展取得了惊人的成就——总量增长迅猛。尽管增长迅猛，但其附加值弱一直是制造业的一大软肋。由于劳动力成本上升，加上其他国家又参与到其中所导致的竞争及金融危机的影响，许多制造企业逐渐进入了产业规模扩大和产业转型升级阶段，从劳动密集型、资源密集型向技术密集型的增长方式转变，这样客观上释放了大量的物流服务需求。然而我国物流业发展起步较晚，物流产业还不成熟，物流园区建设不合理，虽然物流总量一直处于增长阶段，但增长速度逐渐下降，与国外发达国家相比还有一定差距。国外发达国家的制造业物流普遍采用整合自营或整合外包模式与物流业联动，例如宜家采用制造外包、DIY 设计、平板包装、自动立体仓库和集装箱运输等策略，其核心在于建立遍布全球的配送中心以及采用供应链管理技术。还有戴尔通过订单分配系统和需求计划系统安排送货，从而避免库存、减少运输；通过供应商需求信息共享、电子商务等手段，实现对顾客需求的快速反应。近年来，我国政府对制造业与物流业联动发展也逐渐开始重视，2012 年 11 月，国家发改委组织编制的《物流业发展规划》以及十二届全国人大三次会议政府工作报告中提出的"供应链管理智慧物流"

都是促进先进制造业与现代物流业有机融合、联动发展的利好政策。我国的物流行业发展呈上升趋势，产业规模保持扩大势头。据统计，2012 年实现全国社会物流总额 177.3 万亿元，其中工业品物流总额 162 万亿元，占社会物流总额的 91.4%，按可比价格计算，同比增长 10%。

（二）制造业与物流业联动发展存在的问题

制造业与物流业联动发展已经取得了一定的成绩，但在同一时间，两者的共同发展存在诸多问题，主要表现在以下三个方面。

（1）要加快物流业的现代化发展进程，就应给予激励政策以支持物流业的发展，但目前各级政府具体的激励政策还未到位，也未给予税收优惠政策，因而束缚了物流企业的发展。

（2）物流业的发展落后于制造业，相对于制造业，物流业起步较晚，在运输、仓储、服务水平、信息等方面精细程度不高，物流业投资少，物流设施整体水平滞后，区域分布不够合理，机械化水平低，与国际接轨仍然有一定的差距，不能满足制造业向高端发展需求，因此，我国大部分制造行业都设有自己的物流部门，制造业物流外包程度不高。

（3）物流业和制造业的供应和需求不顺畅，缺乏沟通和凝聚力，制造企业不仅担心第三方物流企业提供性价比比自我运行更高的物流服务，而且还担心物流外包给第三方物流企业，会使自身的控制能力和业务能力被削弱，甚至还担心企业保密信息被泄露。而物流企业由于制造企业对信息的"封锁"，无法满足制造企业的需求，因而导致两个产业联动无法取得进展。

二、制造业与物流业联动发展模式

（一）物流托管模式

物流托管又叫物流业务管理外包，是指企业拥有物流设施的产权，将管理职能外包出去，等于将物流设施出租，是现代物流专业化管理的一种新型管理模式。物流托管主要分为：费率承包制和绩效管理制，其特点是：投入低、手续简便，启动风险低，内部控制力强，实行内部结算，交易成本低，重视实效，投入产出效益最大化，退出机制灵活。

（二）物流外包模式

物流外包即制造或销售等企业为集中资源、节省管理费用，增强核心竞争能力，将其物流业务以合同的方式委托给专业的物流公司即第三方运作。外包是一种长期的、战略的、相互渗透的、互利互惠的方式，是小型制造业物流发展的新趋势。物流外包主要分为：物流业务部分外包，物流业务完全外包，物流系统接管，战略联盟，物流系统剥离，物流业务管理外包。其特点是：提高服务质量，降低营运成本，减少监督成本，解决本企业资源有限的问题，提高效率，降低风险。

（三）物流战略联盟模式

物流联盟是指两个或两个以上的经济组织为了实现特定的物流目标，通过协议、契约而结成的组织。包括运输、仓储、信息合作战略联盟，它要求内部信息共享和信息交流，相互合作，形成第三方物流网络系统，联盟可能包括多家不同的各类运输企业、车站、仓库运营商。从理论上说，联盟规模较大，可以获得更大的整体利润。其特点是：建立制造业和物流业的战略联盟，使双方形成紧密结合，相互信任，风险共担，收益共享的关系。

三、制造业与物流业联动发展的一些建议

加强我国物流基础设施资源整合的建设。建议各级政府进一步加大发展、引导和鼓励政策，鼓励物流整合外包和物流运作分立，进一步提升制造业 IP 供应链物流公共信息平台建设，促进加强联动发展示范工程和重点项目的建设。

一个国家的生产力水平通过制造业能够直接反映出来，而物流业是国民经济发展的基础产业，虽然我国制造业与物流业近些年都得到了长足发展，但是二者的联动发展相对缓慢，制造业与物流业联动发展模式也少之又少，根据目前我国的制造业和物流业联动发展出现的问题，应加强联动的物流新模式的开发管理，如发展物流战略联盟，整合物流外包和物流交易所是非常有意义的。它可以改善服务方式，提高能力和服务水平，从而使制造业和物流业有机融合，促进联动发展。

第二节　我国制造业企业物流模式

制造业是我国十分重要的支柱产业，在我国国民经济中占有很大比重，这些都决定了制造业的重要性。但是随着社会的发展，物流业的兴起以及物流企业的成功，传统制造业遇到了新的问题和挑战，与此同时也获得了更多的机遇。因此，制造业只有在挑战中抓住机遇，获得长足的发展，才能提升自身的核心竞争力。本节主要从制造业地位、物流企业主要运作模式对我国制造业企业的重要性以及我国制造业对物流模式选择的简单分析进行初步探讨并做出总结，以促进我国制造业物流企业的良好发展。

一、我国制造业企业物流概述

（一）制造业企业的重要地位

制造业对国家的发展尤为重要，我国的金融产业、信息产业、房地产业、旅游业以及其他服务行业和相关第三产业的发展都离不开制造业。据统计，在全国 500 强企业中，制造业企业数量比重达到了一半以上，其生产总值更是占据着全国工业产值的半壁江山。这些数据都让我们不能忽视制造业对我国经济的影响，同时也表明制造业是我国的支柱产业，也是我国国民经济的主体产业。

（二）制造业企业物流运作模式的简单划分

我们这里所讲的物流运作模式是指一个企业或单位所采用的运作其物流活动的方式，目的是进行生产活动和提高企业效益。相对于上述所讲的制造业的物流模式，我们可以简单地分为三种模式：企业自主经营、物流体系的自我运营以及承包给第三方（也就是通常所说的外包）。对于第三种方式通常有两种选择：第一种，内部承包，是指将所承担的物流活动承包给集团公司的独立利润中心来进行物流产业的发展收益；第二种，外部承包，是指将物流业务交由第三方的物流企业来承担，外部承包最高级的形式是企业之间的战略联盟。

二、我国制造业企业的物流运作模式

据调查显示，我国制造业物流市场的选择主要来自供货方和本公司自营。其中占到的比重分别为 56% 和 25%，也就是说，第三方承担的比重不足 20%，同样也表明了我国开展第三方物流业具有广阔的发展前景与空间，主要任务便是得到供货和收货双方的共同认可，得到了这种认可便有利于我国制造业物流在发展的同时减轻企业自身的负担，这是一种双赢。

近 1/3 的生产制造企业将物流服务承包给了第三方，只有相当小的一部分企业自主负责经营，而余下的便是两种方式共同选择，针对不同情况分别采用。这里采用的标准便是将成本和利润优先考虑，以选择适合自己发展的物流模式。

三、物流运作模式对我国制造业企业的重要性

（一）制造业企业选择合适的物流模式有利于降低企业的物流成本

从社会发展的角度讲，物流是新的经济增长点；从企业的角度看，物流是企业降低成本，提高利润，增强竞争力的手段。制造业企业选择适合于本企业的物流运作模式有利于

降低物流成本，提高企业竞争力。

（二）制造业企业选择合适的物流模式有利于整个社会物流业的发展

现代化先进物流模式的选择有利于企业降低自身的生产成本，提高物流效率并提高自身的生产效率，从而创造出更大的社会财富和价值，提高企业利润；还有利于整个物流行业服务水平的提升。尽管我国物流行业起步晚，但是我国的制造业发展强劲，前景乐观，所以制造业和物流产业要协调发展，互相促进，共同进步。

四、对于我国制造业企业物流运作模式的简单分析

（一）我国制造业企业物流发展水平参差不齐

在当前社会背景下，由于我国制造业企业物流发展起步较晚，相对于国外成熟的运作模式来说水平较低，这也就造成了我国制造业企业物流发展水平参差不齐的局面；个别制造业企业自身从事物流企业的运作，但是缺乏相应的资金和时间以及有效的管理，对物流业的发展是不利的。第三方物流企业由于自身前期发展不充分，很多业务处于前期的探索阶段，这也使得制造业企业物流发展水平产生分化。

（二）影响我国制造业企业物流运作模式发展的原因

制造业企业在选择和自己相匹配的物流模式时，在利润的引导下，结合自身的企业因素、产品因素、财务因素和服务因素以及下属的各个指标综合考虑，选择适合自己的物流模式。其包括企业的能力、企业的核心竞争力、企业的服务理念、企业所承担的成本以及承诺的服务质量。多种因素的结合往往会导致企业在选择物流模式时相对审慎。

（三）我国制造业企业物流运作模式的选择方式

我国制造业对物流模式的选择方式包括以成本为目标导向，以利润为追求目标和以服务质量为前提。

1. 以成本为目标

制造业企业的成本直接关系着企业所获得的利润。首先企业会考虑自身的能力是否能够满足相应的实际物流需要，如果可以满足，并且成本相对较为低廉，那么便会以自身的物流模式作为优先选择，这既是其竞争力的体现又同时满足了自身发展的需要。如果自身能力不足，不能满足相应的实际物流需要，便会采取与第三方合作的模式，如企业联盟或其他合作方式。

2. 以利润为目标

以取得最大利润为目标的物流模式的选择往往深受制造业企业的重视，追求利润是终

极目的。相对于对内承包和对外承包两种模式，在运作过程中我们便会发现两者的成本会有不同。如果对内承包甚至自身的企业承担物流会有很好的经济效益，那么便选择自身承担或对内承包；如果利润取得较小，便选择对外承包的模式来获取企业利润的最大化。

3. 以优质服务为目标

制造业对我国经济发展尤为重要，制造业同物流企业的联合运行将会大大提高我国制造业发展的潜力并提升物流行业的发展前景。这种向更高层次迈进的基础便是物流企业的优质服务。只要物流企业将自己的服务做到以自身的利益为牵引，其他企业和个人的利益为优先考虑对象，那么服务质量的提升便指日可待，这也将成为物流企业发展的一个重要目标，这样才能实现双赢，甚至多赢。

制造业对我国国民经济的发展尤为重要，是我国国民经济的支柱产业。制造业企业经济的稳步发展以及科学技术的提升和进步都对我国国民经济的增长具有决定作用。同样，作为现代社会经济的重要组织形式，物流产业对制造业的发展起到了推动和引领作用，但同时也是企业发展的短板，成为制约企业向前发展的瓶颈。对此，物流企业对于制造业企业的发展便成了一种相当重要的竞争力，并逐渐提升其地位，朝着核心竞争地位迈进。那么选择什么样的物流运作模式将会成为我国制造业发展的一项重要内容。只有将这种决策合理适当地融入自己的制造业产业中，才能产生更大的经济效益与社会效益。

第三节　服装制造业敏捷物流模式

服装制造业敏捷物流模式构建主要针对生产企业敏捷物流模式。通过对服装制造业敏捷物流内涵、组织模式及影响因素进行分析和研究，提出服装制造业敏捷物流模式的构建与设计方案。敏捷物流模式主要由重组性构建、第三方物流、敏捷物流网络等构成，最终实现服装制造业"大数据＋智能制造＋创新物流"的敏捷物流模式。

一、敏捷物流与敏捷物流组织

敏捷物流的概念源于敏捷制造，期望通过高效、快速、便捷的物流服务来满足客户需求。敏捷物流模式构建主要从组织运作模式角度进行调控。研究敏捷物流模式需先分析敏捷物流组织。敏捷物流组织是通过快速整合竞争资源，实现敏捷性目的的虚拟组织。通常情况下，虚拟组织会随着任务的完成而解散，但是敏捷物流组织却可以借助良好运营和有效管理模式长期稳定地持续下去。只要企业进行生产经营，就会产生物流活动，敏捷物流也就可以完成持续稳定的运作。因此，敏捷物流组织是以企业运作模式为根本而建立的，敏捷物流模式的构建也必须以核心企业生产经营需求为根本。服装业是以制造业为核心的生产主导型敏捷物流组织，其核心企业具有高度自动化的生产能力，这也就需要利用敏捷物流的高效敏捷性完成供应链资源整合，以满足客户的个性化需求。

生产主导型敏捷物流组织运作模式是通过核心企业敏捷物流的运作与规划以及物流系统的信息处理能力、资源整合能力和第三方物流系统能力完成对制造企业物流管理的。产品经由制造商生产加工，再由敏捷物流系统配送至分销商及终端客户。在这种模式下，要求生产企业具有强大的敏捷物流系统，只有高效完善的敏捷物流系统才能充分发挥优势。以生产企业为核心的供应链中，供应商、制造企业、物流企业、分销商是战略合作关系，通过协同运作完成供应链整体利益的最大化。这种协同关系促成供应链内部成员在面对强大市场竞争压力的时候，可以实现资源及信息共享，做到迅速整合供应链内各个成员的优势、信息、资源等，完成对市场变化的有效应对。

二、服装制造业敏捷物流的影响因素

（一）物流运作

敏捷物流为服装制造企业及其供应链成员提供市场预测、订单处理、原材料采购、装卸搬运、仓储配送、运输管理、库存优化、流通加工、包装销售、技术支持、信息监管等方面的服务。服务过程中，服装制造业各个环节的运作离不开物流运作的推动。敏捷物流服务效率良好与否直接体现了服装制造业对供应链的管控能力。物流运作过程中，运输配送、库存周转、单货信息、操作人员业务能力、商品属性等都直接影响了敏捷物流的快速反应能力和系统重组能力。只有货物数量、质量要求与既定标准相符，供应商、生产商、分销商在进行单证及货物交接时才能按预期计划顺畅进行，才可以避免由于货物质量缺陷和数量稀少造成的不良后果，如：额外进行紧急订货、重新调换货、运输配送迟延、保险赔付纠纷、商业结汇困难等，这些不良后果直接影响了敏捷物流的快速反应性能。

（二）信息技术

敏捷物流运作过程中，信息敏捷性是依靠信息的有效传递来完成的，服装制造业在构建敏捷物流模式过程中需要依赖信息技术的支持。稳定完善的信息技术包含技术设备和信息系统两部分。技术设备主要针对物流设施的成熟度，包括设备技术水平、流通加工工艺流程、相关配套设施技术等方面的产业实用度。信息系统主要针对供应链数据传输和共享的时效性以及完整性，主要体现在能否在有效时间内准确无误地完成物流信息传输与共享任务。若无法按照既定目标完成信息传递与共享，将直接影响供应链内各成员间的顺畅协作。信息技术水平反映出服装制造业敏捷物流模式实现信息化的程度。信息化程度高低也体现了服装制造业构建敏捷物流模式的能力及核心企业的经济效益水平。信息技术完善与否直接影响着敏捷物流的技术成熟度、操作熟练度、信息顺畅度。

（三）组织协调

服装制造业的组织协调能力决定了供应链和敏捷物流组织的发展模式，敏捷物流的运作模式同时对组织协调能力发挥重要作用。服装制造业的组织协调能力主要体现在组织构架合理性、生产力利用率、交货准时率、生产准备周期等方面。组织构架合理性包括，服装制造业能否根据敏捷物流的运作模式构建相应的职能部门，构建金字塔型还是扁平化柔性结构以及组织结构中的信息沟通顺畅与否。生产力利用率反应服装制造业生产经营的协调能力。交货准时率反应服装制造业敏捷物流水平及构建模式是否合理有效。生产准备周期反应服装制造业敏捷物流的柔性化程度，体现敏捷物流的自我调节能力。

三、服装制造业敏捷物流模式设计

（一）重组性构建

敏捷物流中的敏捷性主要通过缩短物流时间为关键点，敏捷物流主要通过高频率、小批量、多批次的方式实现缩短物流时间和快速响应目标。除此以外，敏捷物流还需快速重组来完善敏捷物流模式。首先，对服装制造业敏捷物流的子系统进行划分，以满足敏捷物流系统的总体服务能力。然后，划分后的子系统根据物流系统的不同需求进行重新组合，对组合后的子系统再进行动态集成，在组合重构后成为一个能够满足不同订单需求的敏捷物流系统。在此过程中，重组对于敏捷物流来说不是子系统的简单叠加或拆解，更重要的是要形成敏捷物流的有机整体，此时的敏捷物流应该具有更强的市场竞争力和应对能力，进一步增强敏捷物流的柔性化程度，提升敏捷物流的整体效益。

（二）第三方物流

对服装制造业而言，核心竞争力体现在生产能力上。因此，作为非核心竞争力的敏捷物流采取第三方物流模式是很有必要的。建立服装制造业敏捷物流模式，应该从供应链整体利益出发，配合采购和生产有效运作。服装制造业在初期完成基础生产的条件下等待订单生成，并在订单生成的提前期内完成客户个性化需求的加工，再由第三方物流企业完成对终端客户的配送任务，达成在较短时间内完成订单的目标，提高客户的满意度。服装制造业将物流系统交付给专业化程度更高的第三方物流来完成，生产企业可以在减少固定设备投入的同时，将更多的资源集中投入到产品的设计与研发上。服装制造业通过与第三方物流企业合作，不仅可以减少资金压力，增加生产企业的柔性，也为敏捷物流创造了更大的发展空间。

（三）敏捷物流网络

服装制造业为提高物流敏捷性，需要通过迟延策略来满足客户个性化生产和组装的需求，由配送中心直接将产品送达终端客户手上，较大程度地减少了中间环节的损耗。敏捷物流网络中，制造企业和配送中心不再是独立存在的组织机构，而是通过资源整合和功能整合，形成组织机构的合并，再根据订单任务完成分拣，随后直接进入配送流程。这样可以帮助服装制造业降低库存，同时在满足订单条件的前提下实现快速交付。

敏捷物流网络还需要通过信息技术创新与物流创新相结合的方式实现信息可视化。从原材料供应开始，经由生产采购、流通加工、运输规划、仓储管理，最终配送到终端客户手中，整个过程需要针对敏捷物流产生的信息需求量来构建敏捷物流网络，通过信息共享，将信息传送至敏捷物流的各个环节，达成物流的敏捷性。

本课题围绕服装制造业敏捷物流模式展开思考。我们看到，随着现代服装制造业智能化程度越来越高，对敏捷物流的时效性、依赖性、信息化等方面的要求也越来越高。敏捷物流推动了服装制造业物流模式的高速运转，做到了物流资源与客户资源的对接，在降低物流营运成本的同时提升了生产经营能力和信息化水平，实现了服装制造业"大数据＋智能制造＋创新物流"的有机结合。

第四节　钢铁制造业物流资源整合模式

钢铁制造业一直是我国的支柱产业之一，加工的产品应用于基础设施建设等人们生产生活的各个方面，为国民经济发展提供了必要的基础保障。物流活动在钢铁制造业从采购、生产、存储到销售的整个流程是非常重要的纽带，如何降低物流活动成本，提高物流活动效率和效益成为研究重点。

一、物流资源整合

（一）对物流资源整合的再认识

对"物流资源整合"的概念理解有广义和狭义之分。广义的物流资源整合，往往从政府、产业或行业、区域管理等层面出发，研究的主要内容是物流资源的统筹规划、运作和管理；而狭义的物流资源整合，往往从供应链或企业的角度出发，研究的主要内容是通过资源整合降低成本和提高效率。前者往往是从认识、理念和原则角度定性和诠释整合；而后者往往强调实务运作和实际效果。

（二）钢铁制造业物流资源整合的特点分析

1. 整合内容的外延性

钢铁制造业由于行业特点、历史继承等原因，在其供需网络中，同一节点常常既是一种物流服务的提供者，也是另一种物流服务的需求者，研究钢铁制造业物流资源的整合问题，有助于拓展资源范畴，扩大整合内容的外延。

2. 整合效果的多赢性

站在供应链系统的角度研究钢铁物流资源整合，将钢铁物流供需中的各个节点企业纳入同一供应链网络中，在整合过程中服务成本将得到明显降低，服务质量将显著提高。服务供给者和物流需求者都将得到满足，实现物流服务供需方的"多赢"。

3. 整合过程的动态性

受行业需求变化、原材料价格、新材料竞争等因素影响，钢铁物流需求具有多样性和动态变化性。因此，钢铁物流服务商必须具备随着服务需求的变化而不断将物流资源进行重组和配置，提供适时、适地、适量、适质的物流服务。因此，物流资源整合需要具备一定的动态重组和优化配置能力。

二、钢铁制造业物流资源整合模式选择

（一）以业务流程重组为主要抓手的钢铁业集团内部物流资源整合模式

该模式主要做法是以业务流程为改造对象和中心、以关心客户的需求和满意度为目标、对现有的钢铁制造业务流程进行根本的再思考和彻底的再设计。其整合的根本目的是借助先进的制造技术、利用信息技术以及现代的管理手段、最大限度地实现技术上的功能集成和管理上的职能集成，以打破传统的职能型组织结构，建立全新的过程型组织结构，从而实现企业经营在成本、质量、服务和速度等方面戏剧性的改善。

（二）以并购重组为抓手的钢铁业外部物流资源整合模式

通过并购重组，构建产业联盟的方式来进行优势资源互补，是该模式的核心。《国务院关于化解产能严重过剩矛盾的指导意见》和《关于加快推进重点行业企业兼并重组的指导意见》等政策文件都是在引导地区大型钢铁企业集团的跨地区兼并重组。在实施中往往有三种形式：一是钢铁生产企业与钢铁物流企业之间结成的联盟；二是钢铁贸易企业与钢铁物流企业之间结成的联盟；三是钢铁信息平台企业与钢铁物流企业之间结成的联盟。

三、钢铁制造业物流资源整合内容的建议

（一）基础设施整合

物流基础设施资源包括节点资源和通道资源。节点资源主要是由钢铁物流专业设施和物流功能设施相互配合组成的。通道资源既包括有形的交通运输线路通道，也包括无形的

信息网络通道。在资源整合中，建议充分利用系统论的观念指导整合和利益分配，这样才能使节点企业甘愿以牺牲局部利益来赢得供应链整体利益的提升。

（二）组织整合变革

钢铁物流组织资源是无形的，通过规范服务标准、重构组织结构，推行基于过程管理的管理制度等来使供应链上各节点企业逐步形成更加紧密的合作关系。通过这种网络化的组织变革，实现资源的整合和共享。在资源整合中，建议重新梳理原有组织隶属关系，转变职能化的管理结构，重构基于过程和供需视角的组织结构。

（三）信息网络整合

信息网络整合的主要内容是通过搭建统一的供应链信息平台，实现采购、销售、仓储、配送、检验、加工等集成管理和数据共享，帮助企业制定科学合理的计划，提高整个供应链系统的能观性和能控性。在资源整合中，建议借助大数据和云计算理念来构建供应链共享信息平台，并做好信息的输入、存储、转换、统计等模块功能。

钢铁行业存在产能过剩、结构不合理、分布不均衡等问题，钢铁行业产业结构的调整必然会引发钢铁物流业的整合。面对地方政府、钢铁生产企业、钢铁贸易企业重复建设许多钢铁物流园区，彼此之间缺乏有效协同，造成部分钢铁物流资源闲置的现象屡见不鲜，关于钢铁制造业物流资源整合模式的研究还会持续并深入下去。

第五节　物流业与制造业融合模式

现有关于融资租赁的文献主要集中在对现有模式进行分类上，对各种模式的特点及适用范围进行阐述，对融资租赁合同的研究以及论证融资租赁运作模式对于改善中小企业财务状况，解决其融资困难等方面的优势，并没有从更深的理论层面研究融资租赁模式。虽然有很多文献关注融资租赁过程中所有权的转移，但并没有探讨其契约安排以及这种契约安排可能带来的激励作用。在融资租赁发展过程中，由于自身灵活性的特点，适应经济发展的实际需要逐渐产生很多创新形式，如杠杆租赁、项目租赁等，而这些创新模式还没有在物流业得到有效应用。本节提出了融资租赁衔接物流业和制造业过程中的创新实现形式并论证了其适用性、优越性。

一、融资租赁在物流业与制造业融合中的实现形式

（一）基本实现形式

为了有效激励第三方物流企业进行专用性资产投资，制造企业采用融资租赁的模式在给予第三方物流合作方融资优惠的同时，降低了第三方物流企业套牢风险，从而促进其进行专用性资产投资。将融资租赁模式引入物流外包领域，激励第三方物流企业专用性资产投资的治理模式，其基本实现形式主要体现在合同安排、风险分担、所有权配置三个方面。

1. 合同安排

将融资租赁模式引入物流外包，不仅利用其融资功能，而且利用双方的融资租赁合同为原有的物流外包合同的履行提供保障，形成更为紧密稳固的双边合作形式，激励第三方物流企业进行专用性资产投资。物流服务需求方和 3PL 企业之间的融资租赁合同中，物流服务需求方充当出租人，3PL 企业根据自身情况和合作企业的物流活动实际需求在设备供应商处选择适用的设备，之后物流服务需求企业承担付款义务。

2. 风险分担

融资租赁使得物流服务需求方即出租人承担较多风险，主要体现在以下几方面：第一，从当事人义务履行期间来看，出租人基本上在交易初期就履行完了主要义务（融资义务）。此后，出租人除向承租人负有担保义务外，其余均为消极义务。第二，由于融资租赁标的物的专用性是相对于出租人的产品物流服务的，因此即使第三方物流企业不能继续履约，出租人也可以较好地处置或继续使用租赁物。第三，整个租赁期内承租人占有租赁物，增加了出租人的监督成本。"占有剩余所有，对出租人来讲是不利的"，出租人不可能知晓租赁期内租赁物的状态。在物流外包中，第三方物流企业在其对租赁物完全占有期间，可将其应用在为其他客户的服务中，从而加快固定资产的折旧速度，这样租赁物的使用寿命就达不到融资租赁合同所规定的租赁年限，一旦承租方不能继续履约，出租人得到的租金就不足以弥补损失。

3. 所有权配置

融资租赁合同既体现了对于标的物所有权的强制性，也体现了一定的灵活性。一方面，融资租赁是中长期合同，一般租赁期接近租赁物的使用寿命。出租人完全根据承租人需要无条件地购买租赁物，所以租赁期内承租人不得以任何理由终止支付租金或有任何讨价还价行为。如果承租人有违约行为，合同被提前终止的话，出租人就有两种选择权：其一是收回租赁物件，放弃对承租人未付清租金的追索权；其二是请求加速支付未付清租金，放弃对租赁物件的所有权。另一方面，对于全额清偿的融资租赁合同，租赁期末由于承租人已经支付了全部货款，所以标的物所有权就自动转移到其名下；对于非全额清偿的租赁合同，承租人在租赁期末有权选择续租、退租或留购，留购价格为事先约定，并非市场价格，

这样承租人可以占有剩余，以激励其最佳使用资产。

（二）创新实现形式

根据物流外包合作中的特殊性及具体需要，除了传统的融资租赁形式外，还需要创新实现形式。

1. "杠杆租赁"的融资租赁形式

融资租赁出租人需要具有较强的资金实力，因此生产企业很难独立为其物流服务提供商提供足够的资金融通。在这种情况下，可以考虑应用融资租赁创新的杠杆租赁形式，物流服务需求方并不提供融资租赁所需要的全部资金融通，而是以标的物以及自己的信用为担保，引入银行贷款，共同为3PL企业提供资金融通。在这种情况下，类似于3PL企业用其购置的资产进行按揭贷款，其物流合作伙伴充当了担保人的角色，形成一种新的物流金融模式。在这种形式下，银行把贷款发放给资信情况更好的制造业企业，而制造业企业充当为物流企业提供资金融通的出租人，一方面稳固其物流合作关系，激励第三方物流企业进行专用性资产投资；另一方面相对于银行，物流服务需求方对物流企业的财务运营状况更为了解，且对融资租赁物的监管能力远远大于银行。除此之外，第三方物流企业融资租赁的标的物是针对生产企业物流服务需求的，如果所有权最终没有转移，标的物对物流服务需求方的价值也远大于其对于银行的价值，减少了因专用性带来的损失。

2. "项目租赁"的融资租赁形式

物流外包中专用性资产投资从另一个角度来讲是针对合作项目的，根据这一特点，运用项目融资租赁的形式，不仅可以促进专用性投资，而且可以促进资产的最优使用，使双方更大程度地实现利益共享，风险共担。项目融资租赁是融资租赁的一种创新形式，区别于传统融资租赁之处在于，双方并没有事先规定固定的还款金额和周期，租金以租赁物本身投产后所产生的现金流为基础，双方约定按一定比例支付，即出租人和承租人共享该租赁项目的收益。它在基本融资方式上由简单融资租赁的企业融资方式转变为立足于项目收益的项目融资方式，因此不涉及项目母体，也不需第三方提供担保。在还租方式上，采用定期不定额方式，在会计准则上属于或有租金，租金多少源于项目的收益。"项目租赁"的融资租赁模式可以降低第三方物流企业的还款压力，因为其还款额直接取决于其承担的物流外包项目，使得物流服务需求方无法提前终止物流合约，保证了第三方物流企业专用性投资的收益。

二、融资租赁治理模式的效果评价

（一）融资租赁模式可提高制造业企业的外包收益

相对于物流服务需求方对高端物流的需求，目前我国第三方物流企业仍处在发展初期，规模较小，资金有限，抗风险能力较弱，诸多因素制约了物流服务质量的提高。通过融资租赁模式为 3PL 企业提供资金融通，给物流服务需求方带来的收益主要体现在以下三方面：第一，培育满足自己需求的物流服务提供商，形成长期稳定的关系。第二，有效控制投资用途，保证收益。物流服务需求方在外包中引入融资租赁的模式，一方面为 3PL 企业提供了资金融通，在其发展初期为其提供资金支持；另一方面融资租赁模式严格限制了资金的使用方向，在给予物流服务商扶持的同时，保证资金用在自己的项目上，最大限度地保证了物流服务需求方的收益。第三，激励 3PL 企业专用性资产投资，获得高质量物流服务。通过融资租赁合同将资产所有权与物流外包合同直接挂钩，使得物流服务提供方拥有资产所有权的最终选择权，从而降低 3PL 企业的专用性投资风险，激励其投资，保证物流服务需求方所获得的物流服务的质量。

（二）融资租赁模式可激励 3PL 企业的专用性资产投资

在物流外包中引入融资租赁模式，可解决第三方物流企业发展初期的资金来源问题，并通过与 3PL 企业形成长期稳定的合作关系，降低其投资风险，有效激励其专用性资产投资。融资租赁的进入门槛较低，相对于银行信贷和金融市场直接融资，融资租赁的特点在于它是通过融资物实现融资，在具体操作上，主要看重租赁项目本身的效益（租金来源）和其未来的发展潜力，对企业信用状况的审查也仅限于项目本身，一般不需要第三方担保，总体上在办理时对企业担保的要求较低。除此之外，融资租赁在财务处理上的特点使其能够为发展初期的第三方物流企业带来更多的资金融通。总的来说，融资租赁通过分期付款和延期付款使 3PL 企业获得资金融通，通过合理的合同安排降低其专用性投资套牢的风险，从而提高 3PL 企业专用性资产投资水平，其所有权与控制权的分离又保证了 3PL 企业获得资产使用权，从而高质量地完成物流服务。

（三）融资租赁模式促进物流业的发展

随着融资租赁业务的不断发展，其金融方面的功能从简单的融资功能扩展到全方位的金融功能。融资租赁之所以在全球持续蓬勃发展，其本身所具有的独特优势是其快速发展的根本内在原因。与银行信用等传统融资方式相比，融资租赁具有资金用途明确、担保简单、方便、灵活等特点，发展融资租赁业具有重要经济意义。此外国家为扶持融资租赁业的发展制定的特殊优惠政策，是融资租赁快速发展的外因。从宏观角度来看，在衔接物流业和制造业中引入融资租赁带来的经济效益，保证了投资方向，促进了物流业的发展。融资租赁的发展有利于国家控制投资规模和方向，调整产业结构和实现产业结构的升级换代；降低银行信贷风险，优化物流业融资环境。

三、融资租赁在物流业与制造业融合过程中的政策建议

本节主要论证了在物流外包中引入融资租赁，有利于激励第三方物流企业的专用性资产投资。同时通过对融资租赁这一现代融资模式的研究，分析了物流外包中引入融资租赁的具体实现形式以及给各方带来的收益。作为政府应制定政策，鼓励融资租赁在物流外包中的应用。

（一）营造良好的租赁环境

营造良好的租赁环境，除了要努力培育诚信的市场主体、有实力的出租人，更重要的是加强立法，理顺监管秩序。我国融资租赁行业仍处在一种多头管理、政策不统一的状态，融资租赁业管理呈现"三足鼎立"的格局：一是商务部监管的四十多家中外合资和两三家外商独资租赁公司；二是仍归商务部管理的大约一万家内资租赁公司；三是银监会监管的十多家金融租赁公司以及一些兼营融资租赁业务的企业集团、财务公司和信托租赁公司。由于我国现有融资租赁业务主要是以融资为目的的简单形式，职能部门的监管关注的是金融机构或专营租赁公司，对于厂商从事融资租赁业务仍没有明确的监管单位。从发达国家的经验来看，逐步淡化行政管理，健全法制对融资租赁各个行为主体加以规范、监管，有助于融资租赁业的健康发展。

（二）给予政策优惠

融资租赁由于其表外融资以及税前扣除折旧等特点，在获得资金融通的同时，通过加速折旧在企业发展初期使其获得更多的发展资金。为了促进物流业的发展，我国税法对物流企业固定资产投资有很多优惠政策，包括加速折旧、增值税减免等，这些优惠政策都是以物流企业为直接受益主体的。由于银行信贷很难满足物流企业发展需求，越来越多的物流企业希望通过融资租赁模式获得发展的资金融通，而租赁公司和生产企业，作为融资租赁出租人在承担风险的同时，并不能同时获得与物流企业自身投资获得相同的优惠政策，使得物流外包中融资租赁业务发展缓慢。国家可以制定一些鼓励性政策，比如在物流领域，允许融资租赁资产在出租人账户里按资产方式加速折旧、税前扣除以及降低税率等优惠政策。

（三）加强"银租合作"

本节提出的融资租赁模式，生产企业为了激励自己的物流服务提供商进行更多的专用性资产投资，通过融资租赁的模式给予其资金融通，有效激励了专用性资产投资。生产企业充当融资租赁出租人，与其从市场成熟的物流服务商处获得服务相比，对其自有资金占用较大，单单是通过第三方物流企业专用性投资提高物流服务质量，有时不足以激励生产

企业通过融资租赁模式为第三方物流企业提供资金融通。

在这种情况下，可以采用"银租合作"的模式，购进融资租赁标的物，一方面，银行将贷款发放给生产企业，以其信用及固定资产作为担保，大大降低了贷款风险；另一方面，生产企业从银行获得资金融通再将其转给自己的物流服务提供商，有效激励物流服务提供商投资的同时，并没有过多占用自有资金。最终形成"资金合作—业务合作—退出机制"的合作机制，实现"物流外包合同—融资租赁合同"相互补充、相互促进，最终达到提高物流外包中专用性投资水平，使双方合作关系更加稳固，在合作中获取更多的收益。

第六节　制造业物流财务一体化管理模式

财务管理是以企业资金运动为对象，通过价值形态管理，达到控制成本费用、提升企业价值目的的一种管理活动。企业内部各职能部门的各项经济活动、甚至每一位员工都离不开资金运动，财务管理因此成为企业管理的核心，与企业生产经营活动有着千丝万缕的联系。对于物流活动繁多的制造业而言，如何将物流管理与财务管理有效结合，提高企业整体效益？正是我们试图解决的问题。

一、制造业物流管理与财务管理的联系

制造业物流管理包括物资采购、运输、存货管理、产品营销等物流全过程的管理。物流管理与财务管理的联系主要体现在以下几方面：

（一）物流管理所需资金依赖于财务管理

制造业各种物流活动都需要资金，如物资采购资金、运输费用、仓储费用、营销费用等等，缺少资金，企业的物流活动将举步维艰。这些营运资金的供给均依赖于财务管理，因为财务管理工作的基本内容之一就是通过一定的筹资渠道、采取一定的筹资方式，筹集企业生产经营活动中所需资金。

（二）物流管理风险的控制依赖于财务管理

在市场经济条件下，制造业物流也面临着一定的风险，如物资供应不足所导致的生产经营中断风险，产品产销不平衡的市场风险，因采购形成的应付账款拖欠的信誉风险以及因销售形成的应收账款不能如期收回的坏账风险，等等。要控制和降低这些风险给企业带来的负面影响，需要做好财务预测、财务决策、财务控制等各环节的财务管理工作，如合理安排订货量和订货点避免供应中断；进行市场预测安排生产计划，保障产销平衡；做好

资金预算和往来款项的结算工作，保障资金周转顺畅等。

（三）物流管理决策依赖于财务管理

制造业物流管理涉及一系列决策问题，如采购环节订货量及订货点决策，生产环节产品品种、产量及各产品组合决策，营销环节产品价格决策及信用政策的制定决策等，这些决策分析都要依据财务管理系统提供的财务信息，运用财务管理决策分析方法，如果缺乏财务支持，各种决策方案也难以有效实施。

二、制造业物流管理与财务管理现有模式及其弊端

从组织机构的设置来看，目前几乎所有制造业的物流管理和财务管理机构都是分开设置的，其负责人的行政级别也是相同的，没有管理与被管理的关系，即属于平行设置相对独立的多个职能机构。现有的这种管理模式在企业实践中表现出如下弊端：

（一）物流管理部门与财务管理部门各司其职，工作难以协调一致

如供应部门主要考虑的是低成本购进原材料和及时供应原材料，往往忽略了原材料采购资金的周转问题及后续的仓储成本；销售部门主要考虑的是将产品推销出去，往往忽略了营销费用的增长和应收账款的收回；财务管理部门的职责虽然是控制物流成本和负责资金收支，但由于各部门相对独立，工作难以协调一致。

（二）财务预算难以执行

现有管理模式下，物流管理部门与财务管理部门的联系主要表现在财务预算的制订与执行方面。先由各物流部门制订本部门预算，再由财务部门根据企业的资金状况对各部门的预算进行综合平衡，确定企业整体财务预算。在财务预算的执行过程中，各物流部门动用资金、核报各种物流管理费用时，都要经财务部门审核批准，似乎只要财务部门严格控制，对超预算的资金和物流管理一律不予批准，就能确保财务预算的执行。但事实上，各部门到时总会有各种"正当"理由要求超预算，如物价上涨需增加原材料及零部件的采购资金；生产批量增大需增加生产资金；客户拖欠货款需增加应收账款投资资金等，而财务管理部门由于平时没有参与物流管理活动，对各项支出的合理性难以做出正确的判断，也拿不出"拒付"的理由。如果此时财务管理部门强行按预算办事，正常的生产经营秩序很可能被打乱。无奈，财务管理人员只好想方设法筹措资金填补预算"漏洞"，常常被弄得焦头烂额，财务管理工作陷入被动局面，被动地为供应部门付款，被动地为销售部门收款，难免出现资金周转困难、成本难以控制的结果。一个本应该掌控企业全局的核心部门，却成了为各部门供给资金、被动做账的"服务"部门。

三、制造业物流财务一体化管理模式创新

针对现有管理模式存在的上述弊端，笔者认为必须进行管理模式创新，实施物流财务一体化管理，将物流纳入财务管理职权范围，形成集计划、核算、统计、财务、物流为一体的大财务管理模式。只有在这种模式下，财务人员才能冲破旧模式的职权限制，真正参与到物流管理活动中，才能掌握到物流各方面真实而全面的财务信息，才能制订出与实际物流状况更吻合的财务预算，也才能对物流实施全过程、全方位的财务控制，确保财务预算的执行；只有在这种模式下，财务管理才能变被动为主动，不再仅仅充当记账员、报账员、收款员的角色，而是主动介入企业的物流管理，充分发挥财务管理的桥梁和纽带作用，确保物流、价值流、资金流三流统一，改善企业财务状况，加速资金周转；只有在这种模式下，才能解决物流管理与财务管理各自为政的矛盾，促使物流与财务管理的协调一致，实现物流成本最低、物流管理效益最大化目标。

物流财务一体化管理模式具体实施方案如下：

（一）组织机构设置及人员配备

组织机构设置：将企业物流部门与财务管理部门合二为一，构建综合财务管理部门。

人员配备：会计核算部的职责是对企业已发生的经济业务进行会计核算，提供相关财务信息，应配备专业财会人员；财务计划统计部的职责是对企业各方面的经济数据进行统计、编制财务预算和财务计划，应配备专业统计人员和财会人员；物流财务部的职责是既要组织物流活动，实施物流管理，又要对物流环节施加财务管理，最理想的是配备既懂物流又懂财务的"双专业"人员，但现实生活中这种"全才"极少，该部门通常应由财会人员、营销人员、采购人员、仓储人员组合而成。

（二）运作方式

制造业物流主要包括物质供应和产品营销两大环节，在物流财务一体化管理模式下分设供应财务和营销财务两个科室。

1. 供应财务运作方式

制造业供应物流是指从物资采购开始，经入库储存保管，到投入生产为止的整个过程。其中采购人员的职责是及时采购到符合产品生产需求的质量合格的原材料，保证原材料供应的连续性，负责供应商的选择、采购谈判并实施采购，仓储保管人员的职责是负责原材料及零部件等物质的出入库管理，入库验收原材料数量和质量，按各种存货性能进行分类储存，避免植物类存货的霉烂变质和金属类存货的锈蚀，确保数量准确、质量完好无损；财务人员的职责是提供采购资金和仓储资金，控制采购成本和仓储费用。供应财务需做好下列协调工作：

要降低采购成本，就需要获得尽可能低的采购价格，而低价格往往又是以大批量采购为条件的，容易形成庞大的库存，存货周转速度慢，资金占用额大，同时也增加了仓储费用，这就需要财务人员从中协调控制。财务人员应根据生产计划所需要的原材料数量、采购价格、数量折扣、订货成本、仓储成本等信息资料确定经济订货批量和订货点，要求采购人员进行适量、适时采购，避免盲目的低价格、大批量采购，也可以通过集中采购、招标采购等方式尽可能降低价格。财务人员还可以参与采购谈判，向供应商争取尽可能优惠的条件。

恰当把握采购款项的支付时间，降低商业信用成本。如果供应商提供了有现金折扣的商业信用，财务人员要计算比较享受和放弃现金折扣的成本，选择低成本的付款期；如果供应商提供的商业信用无现金折扣，财务人员则应尽可能在信用期限的最后一天付款。虽然延期付款不会发生额外的有形成本，但企业在信誉方面的无形损失是难以计量的，可能因此增加再次交易的成本，或只能获得更加苛刻的信用条件，甚至丧失再次合作的机会，只有重视应付账款的管理，才能与供应商建立一种长期的、互利互惠的合作关系。对于采购批量大、占用资金多的几种主要原材料的采购，应适时错开货款结算时间，调剂使用采购资金的余缺，从而降低资金占用总额，提高资金利用效率。

就仓储环节而言，存货库存量可通过采购批量予以控制。考虑到制造业原材料和零部件的品种多、数量大，手工管理的工作量大，仓储信息难以及时提供等问题，必须建立计算机仓储信息管理系统，便于随时把握各种存货入库、出库及库存数量、存放地点等信息，既能简化存货出入库手续，提高工作效率，又能利用即时信息指导采购工作，基本上可杜绝库存较多时再次采购造成的积压和库存较少时延迟采购造成的供应中断。同时制定严格的收发货制度，减少收发货差错，严格控制原材料发出数量，以约束产品生产过程中的材料耗费，避免材料浪费损失。

2.营销财务运作方式

制造业营销物流是指从产成品出库开始，经运输配送到产品需求者或末端客户手中为止的整个过程，是物流的最后一个环节。其中营销人员的职责是宣传产品性能，寻找产品需求者，销售谈判和尽可能多地实现销售。财务人员负责营销资金的供给和销售货款的结算，管理的重点是加速销售货款的收回，减少坏账、呆账。营销财务需做好下列协调工作：

（1）确定商业信用条件。财务人员对营销人员开发的潜在客户的资信情况应迅速展开调查了解，继而依据信用评估结果给出对该客户能够提供的信用额度和信用期限的底线，营销人员以此为依据与客户进行货款结算条件的谈判，从而避免营销人员滥用信用，减少低质量应收账款产生的概率。

（2）做好销售预测，控制营销费用。财务人员通过参与产品营销过程，能够更全面地掌握市场需求信息，使销售预测更切合实际，并以销定产合理安排生产计划，避免产量过多引起产品积压、仓储费用增加和资金滞留，或产量过少引起产品脱销而丧失潜在的收益。同时，财务人员通过参与产品营销过程，做出的营销费用预算也更合理，对各项营销费用支出的合理性能够做出正确的判断，对不合理的开支坚决不予核报，控制营销费用。

（3）加强收款管理。及时把握应收账款收回信息，对付款及时、无拖欠货款并且信誉好的客户可考虑给予更多的优惠，有利于建立长期的业务关系；遇到客户拖欠款项时，不能一味地采取极端手段进行催收，应该调查了解客户拖欠款项的具体原因，有针对性地采取收账措施。如果并非客户的主观原因，只是因临时性的财务困难所致，应予以理解，相应延长付款期，帮助客户渡过难关，这样既可赢得现有客户的信任而稳定老客户，还可吸引新客户；如果是客户主观故意拖欠款项，可采取一些极端的做法，如上门追收，必要时采取法律手段追债等，虽然双方的业务关系可能因此恶化，但与此类恶意客户也没有继续合作的必要。为了防止营销人员滥用信用，还应将应收账款的回笼情况列入营销财务部门绩效考核内容，既要考核其业务量，也要考核业务款项的回笼速度和比例，使营销人员在拓展业务的同时，必须关注客户的资信情况及未来收款的效率。

（4）制定恰当的营销服务标准。营销服务包括送货、安装调试、产品使用指导、售后质量保障等一系列售中和售后服务项目。营销服务质量的高低，既影响销售量，又影响营销成本，一般来说，营销服务质量越高，对客户越有吸引力，增加的销售量和营业收入越多，但营销成本也越高。财务人员需对此进行成本效益分析，制定一个恰当的服务标准，确保营销服务质量提高的边际收入不低于边际成本。

第七节　智能制造背景下生产制造业物流模式

本节针对智能制造背景下生产制造业物流模式升级策略，结合理论实践，简要阐述生产制造业物流模式升级的重要性，分析智能制造背景下生产制造业几种常用物流模式，并提出推进智慧物流建设、智能制造与智慧物流联动发展、加大专业人才培养力度等智能制造背景下生产制造业升级物流模式策略。

一、生产制造业物流模式升级的重要性

（一）有利于优化产业结构

在智能制造的背景下，传统的物流模式已经难以满足生产制造业持续发展的需求，只有建立智能化物流模式，才能促使企业在激烈的市场竞争中占得一席之地。大量实例表明，通过升级物流模式，可进一步优化生产制造业的产业结构，整合现有资源，延长产业链条。产业结构优化是在智能制造背景下生产制造业发展的一个过程，构建智能化物流模式是必然的发展趋势。此外，通过升级物流模式，还能指导物流活动向着标准化和规范化的方向

发展，促使物流服务成为顾客的另一个消费热点，进而提升企业的经济效益。

（二）有利于提升生产制造业的市场竞争力

在工业化水平不断提升的背景下，生产制造业面临的市场竞争愈发激烈。在当今时代，消费者不只注重产品的质量和性能，也注重物流的速度。而多数生产制造业生产的产品，质量和性能几乎同等重要。哪个企业物流速度快、物流服务水平高，就能受到更多消费者的喜爱，竞争力也就越高。通过升级构建智能化物流模式，既能减轻运输压力，还能降低物流运输费用，实现全新发展。

二、智能制造背景下生产制造业常用的物流模式

（一）超级网络物流

超级网络物流是一种整合全球生产制造企业和物流公司资源的物流模式，既能提供更加优质的物流服务，还能提升企业的商业价值。其主要优点是可对现有资源进行整合、配送范围大、节约成本等，但缺点也比较明显，前期投资非常大，需要大量人力、物力、财力的支持。阿里巴巴正在打造的菜鸟网络，主要是通过线上大数据和线下仓储来整合目前比较散乱的社会快递业务。建成后可在 24 小时内把货物送到全国任何地区，可支持月均 300 亿元的网络购物物流的运输，规划建设时长为 5 ~ 8 年。一旦成功建立，阿里巴巴的商业价值将获得大幅度提升。

（二）实时物流

在智能制造的背景下，生产制造企业只有合理设计供应链，才能在降低运用成本的基础上，提升应对突发事件的能力，确保供应链端对端的实时可见，为企业制定发展战略提供真实有效的数据支持。在大数据背景下，实时物流模式可帮助企业更加灵活地应对内外条件的变化，根据实际情况动态调整供应链。此外，实时物流模式还能帮助企业获得额外的业务能力，提升运营效率。其主要优点是在任何时间、任何地点都可以获得真实有效的物流信息，从而优化供应链。其缺点是前期技术研发投资比较大，难以适用于整个物流产业。

（三）物流预测

物流在生产制造业中的重要性逐年提升，对物流的风险管理也提出了更高的要求。如何有效减小物流业务的风险，是物流管理人员面临的问题之一。物流具有跨时空的特性，为提升供应商的成本效率和服务质量，衍生出了物流预测商业模式，这是一种基于大数据和云计算技术的预测模式。可通过模型和数据运算对未来的发展趋势进行科学有效的评估。把大数据预测应用到运输和物流业务中，再通过云预测分析、历史运输数据，预测未来经营周期的物流业务量，以便做好应对措施，提升物流服务效率。

（四）大众物流

大众物流模式是大众商业模式和共享经济共同发展的产物，是一种基于社交网和人群的物流模式，强调众包和众筹，可大幅度提升物流服务。在互联网时代，空间和时间约束不再成为障碍。通过网络平台，生产制造企业可以和外部人员进行及时沟通。譬如，DHL将大众商业模式运用到物流中，人们可以通过移动软件 MyWays 来投递自己的行动路线附近的包裹，并获得相应的报酬。四川创物科技有限公司的"人人快递"就是典型的大众物流模式。其运行方法为：发件人通过 APP 发布寄件订单，订单内容包括预约取件时间、货物名称、收件人地址、联系方式等；APP 根据信息自动核算出快递费用和佣金，快递人可以根据自己的前进路线进行"抢单"并获得报酬。大众物流模式的主要优点是物流公司和竞争对手共享物流的基础设施和服务，注册便捷，大众参与。其缺点是需要投资开发平台，大众参与人员业务素质参差不齐而容易发生物件丢失、破损等问题。

三、智能制造背景下生产制造业物流模式升级策略

（一）推进智慧物流建设，弥补物流服务智能控制短板

推进智慧化物流建设是智能制造背景下，生产制造业物流模式升级的主要内容之一，也是实现智能化物流的主要途径之一。具体而言，可以从以下几个方面入手：第一，以建设智慧化物流服务模式为切入点，充分发挥生产制造业生产现有的资源，设计出符合生产制造业发展的智慧物流建设方案，逐步实现制造产业的合理布局；第二，生产制造业要加大智慧物流建设的投资力度，通过多渠道进行融资，并建立完善投资政策，确保智慧物流建设相关工作能顺利开展；第三，合理规划布局智慧物流的位置，在原有物流空间位置的基础上，进行升级改造。通过一系列科学合理的措施和方式方法，吸引周围生产制造企业，以增加企业的经济效益，通过多种模式并存的物流模式提升物流服务质量；第四，充分发挥区域智能制造和智慧物流竞争的优势，构建智慧物流模式运行的技术标准，根据生产制造企业所生产产品的特性，研发出与之相适应的物流管理新技术，提升自主创新能力。

（二）推动智能制造和智能物流联动发展，提升市场竞争力

在智能制造的背景下，生产制造企业要想在激烈的市场竞争中占得一席之地，就必须推动智能制造和智能物流联动发展，可以从以下几个方面入手：第一，生产制造企业要积极引进先进的技术和设备，实现智能化和自动化生产制造，并将其智能制造和智能物流紧密结合到一起，根据生产制造企业现有的产业布局，建立智能化物流服务体系。与当地自营式智能物流和第三方智能物流相互结合，进而实现信息互动和资源共享。第二，通过专业化的物流服务，满足生产制造企业对差异化的需求。不同的生产制造企业，生产的产品、运行模式、企业规模、生产方式等都存在较大的差异，对物流的需求也不相同。因此，在

升级生产制造业物流模式时，需要严格遵循市场细分的原则，通过更加专业化的服务模式满足企业对智能物流的需求；第三，合理应用先进的信息技术。无论是智能制造，还是智能物流都需要先进技术的支持，因此需要全面推进信息的应用和发展。通过政府扶持和帮助，将智能仓库、无人分拣、无人配送等装备作为企业的发展重点，从而为智能物流模式的构建提供信息互动环境。积极和其他物流企业沟通联系，引进先进的技术和管理模式，并进行数据共享，从而充分发挥出智能物流模式应有的作用和价值。

（三）加大专业人员培训力度，打造专业人才队伍

通过培育人才，既能创新企业物流管理理念，升级管理技术，还能促使生产制造业实现双赢甚至是多赢。充分发挥当地高校、科研院所的优势，定期派遣物流管理人员进修学习，提升他们的综合素质，努力打造一支高专业性、高水平、高技术、高综合素质的物流管理队伍。此外，还要根据企业的发展战略规划，拟定科学合理的人才优惠政策，以便吸引更多的专业人员投入到生产制造业物流模式升级改造中来，为新模式的稳定运行提供人才保障。

在智能制造的背景下，生产制造企业要顺应"中国智造"的发展趋势，努力升级改造传统的物流模式，创新出更加先进、合理、符合企业发展的物流模式。目前，生产制造企业可选择的物流模式有超级网络物流、实时物流、物流预测、大众物流等，每一种物流模式都有其独特的优缺点。生产制造企业在升级物流模式时，可以选择其中一种，也可以选择多种物流模式相互结合的新型物流模式。但无论哪一种模式，都需要生产制造企业从推进智慧物流建设、推进智能制造与智慧物流联动发展、加大专业人才的培养力度等方面入手，才能设计出符合企业实际发展需求的物流模式。

第八节　东北地区制造业与物流业联动发展的新模式

2009 年 3 月，国务院颁布了《物流业调整和振兴规划》，制造业与物流业联动发展工程被列为物流业振兴的九大重点工程之一。国家制定了一系列鼓励制造业与物流业联动发展的相关政策，组织实施了一大批制造业与物流业联动发展的示范工程和重点项目。2011 年 11 月，国家发改委组织编制了《东北地区物流业发展规划》，并提出了促进东北地区先进制造业与现代物流业有机融合、联动发展的新模式探索。

一、东北地区制造业与物流业联动发展的意义

（一）有利于促进东北地区经济结构优化，推动经济发展方式转变

东北地区正处于工业化中后期，物流是新型工业化的第三利润源泉。根据国外先进经验，把物流服务从制造业中分离出来，可以延长产业链条，促进经济结构优化，推动经济发展方式转变。推动东北地区制造业与物流业联动发展，制造企业外包非核心的物流业务，物流企业承担制造业物流的具体运作，有利于东北地区制造业结构调整和转型升级，有利于提高物流业的服务能力和水平，有利于经济结构优化和发展方式转变，有利于降低成本，促进联动双方关系更加稳定。

（二）有利于促进制造业专注核心能力，提高竞争力

随着市场竞争的日益激烈，制造企业提高生产效率、降低生产成本、改进服务质量的压力不断加大，迫使制造企业集中精力发展核心业务，而把物流活动等非核心业务外包出去。与此同时，市场需求的个性化、准时化等要求，也迫使制造企业转变传统物流运作方式，寻求与专业化的物流企业合作。因此，改进制造企业物流业务流程，改善企业内部物流管理水平，实现转型升级是推动两业联动的内在动力。物流业务的外包，使得制造企业能够脱离繁杂的运输和仓储管理业务，集中精力于研发、设计、生产等核心能力上。同时，借助第三方物流企业的专业化运作能力，制造企业能以更低廉的物流成本获得更优质的物流服务，提升制造业的快速响应能力和整体运行效率。

（三）有利于促进物流业优化整合资源，提升服务水平

物流业是随着社会分工的不断深化而从制造业中分离出来的，制造业的发展速度和规模直接影响着物流业的发展。目前，我国制造业的物流业务量占物流业总业务量的70%以上，制造业物流总值占全国物流总值的88%。加快东北地区制造业的物流外包，将增加物流业的总体市场份额，给物流业提供更为广阔的发展空间，这不仅有利于物流业改进服务水平和提高运作效率，还有利于刺激物流业在服务过程中不断创新，实现与制造业的共赢、互利。在中央和地方政策的大力支持下，两业联动发展给物流业的发展提供了机遇，传统物流企业可以改革物流服务方式，提高物流服务能力，促进传统物流产业的升级和跨越式发展。

二、东北地区制造业与物流业联动发展的模式分析

（一）一体化物流模式

制造业作为国民经济的重要战略性产业，产业关联度高且资金技术密集，是地区经济

综合实力的集中体现。经过多年的发展，东北地区已形成门类齐全、技术配套且规模较大的制造业体系，但一些关键原材料和零部件的国外采购以及制成品的全球分销，对制造业物流提出了越来越高的要求。随着市场对外开放和全球化进程的不断加快，第三方物流企业的服务能力明显提高，已具备为制造企业提供一体化物流服务的能力。制造企业把物流业务外包给专业化的第三方物流企业，能够提高生产运行效率，降低物流成本，优化企业资源配置。物流企业凭借专业化的物流运作和增值服务能力，通过与制造企业的联动合作可以扩展到包括运输装卸方案制定、物流信息管理、国际物流服务以及应急预案等在内的一体化物流解决方案服务。

例如，沈阳中深集团在与特变电工沈阳变压器集团有限公司合作过程中，为其提供包括国际物流服务、金融物流服务、产品包装服务、企业厂内物流协调服务、信息系统和应急预案服务在内的一体化物流服务。实施联动后，特变电工沈变的订单完成率上升8%，电子单证管理比例上升13%，订单完成周期缩短10—20天（海运）和3—5天（空运），准时率提高9.5%，有效促进了特变电工沈变总体运行效率和市场竞争力的提高，同时沈阳中深也凭借不断提升的一体化物流服务能力扩大了自身的品牌影响力，真正实现了双赢。

（二）战略联盟合作模式

战略联盟是指两个或两个以上的经济组织为了实现特定的目标而建立的长期联合与合作。东北地区制造业与物流业建立战略联盟，可以使联动双方紧密地结合成一体，形成相互信任、共享收益、共担风险的合作关系。物流战略联盟可以大大降低联盟双方交易成本，提高交易效率；同时物流战略联盟成员的独立性又可以使每个成员都能够专注于自身的核心业务。物流企业在传统仓储和运输服务的基础上创新服务理念、延伸更多的增值服务，利用先进物流技术设施和管理方法，并通过强化物流信息技术为制造企业提供专业化、个性化和精细化服务，借此巩固和发展与制造业企业的战略联盟关系，从而达到长久合作和联动发展的目的。实现物流战略联盟的合作，可以使制造业与物流业在运输能力、物流设施、物流管理技术等方面实现优势互补，从而达到整个联盟利益最大化。

例如，吉林九天储运与中国石油吉林化工销售公司、松原吉安生化集团公司、沈阳石蜡化工有限公司、长春吉粮天裕生物工程有限公司、吉林康乃尔化学工业有限公司签订了长年的物流合同，提供汽运、海运、罐存一体化服务，按照顾客需求进行点对点服务，为客户提供最优的系统服务解决方案，以提升服务水平和降低整个物流过程的资源浪费，为客户提供更加完备、高效、科学化的物流服务，创造最优的资源配置方案，最大限度降低客户的隐性成本，为客户创造真正的价值，已成为东北地区知名的液体危险化学品运输企业。

（三）全程供应链管理模式

东北地区很多制造企业采取"大而全、小而全"的经营方式，企业发展面临困难的根本原因是非核心业务太多，整体竞争力不强，企业组织层级过多，信息流转效率低，决策效率不高。制造企业通过企业流程再造，将运输、仓储等非核心的业务外包给第三方物流企业，实现全程供应链管理和优化。在两业联动发展的过程中，制造企业可以先将采购或销售外包，然后逐渐整合，最终实现全程供应链管理。物流企业可以根据制造企业客户订单帮助其寻找原材料供应商采购原材料，按照制造企业生产计划交付原材料；制造企业产成品生产出来后，物流企业向客户配送并收取订单款项；物流企业还可以根据制造企业的实际需要提供融资、质押仓单等金融服务。

制造企业和物流企业联动所追求的不再是某个环节单项业务的利益最大化，而是供应链整体效益的最优化。例如，嘉晟对外贸易有限公司与鸿霖制衣有限公司通过三个阶段的合作，实现了从销售外包到采购外包再到全程供应链管理。嘉晟的供应链服务平台不仅从物流和供应链层面为鸿霖节约了成本、简化了流程、提升了服务水平，同时也从资金层面为鸿霖的发展提供了支持。

（四）"物流 + 贸易"一体化模式

社会经济的快速发展，刺激物流需求的日益增长，要求社会物流整体服务能力随之提高。第三方物流企业依托自身服务经验，整合优化自身和社会物流资源，为产业链上下游制造企业提供集采购、运输、仓储及销售于一体的物流服务，实现"物流 + 贸易"的一体化服务模式。物流企业以电子交易平台为依托，根据客户要求实现需求计划提报、计划核定、货物发运、货款支付以及在途跟踪等全程电子平台运作。一方面，为制造企业运输、产品入库、保管保养、配送等提供一整套系统性的物流服务；另一方面，创新贸易运作方式，物流企业通过延伸物流服务环节，构建以制造企业为节点、由物流企业来串联的供应链网络，搭建起高效的电子商务平台，打造出"物流 + 贸易"一体化发展的新模式。

第三方物流企业以提供最优化服务和实现自身发展为目的，与产业链上下游的多家制造企业实施联动合作，逐渐主导供应链供销两端的整体服务，实现物流企业与制造企业效益和竞争力的共同提升。淮矿物流与申特钢铁、舜立机械的联动发展经验值得我们借鉴。淮矿现代物流有限公司依托自身服务经验，整合优化自身和社会物流资源，通过延伸物流服务环节，将舜立机械的采购环节和申特钢铁的销售环节进行融合，沿产业链上下游为两类企业提供采购、销售、运输及仓储于一体的物流服务，不仅产生了显著的企业效益，也产生了可观的社会效益。

三、东北地区制造业与物流业联动发展实施的关键点

（一）制定最佳物流解决方案

物流企业要根据合同特点、生产计划安排、发货周期要求、起运和目的地装卸条件、交货时点等因素，为制造企业提供最佳物流解决方案。物流企业根据制造企业实际需要，

从售后环节向生产和采购环节延伸，通过信息化、网络化、电子商务等现代管理手段，为制造企业提供包括零部件及原材料、产成品全过程的咨询、检测、采购、仓储、配送、技术服务等一站式外包服务，尤其是可以为制造企业提供零部件采购的咨询建议、整体采购方案、网上视频采购、配送至车间、国际物流、金融物流等增值服务。

（二）提高物流服务流程和作业标准的规范性

为了保证联动的顺利实施，制造企业与物流企业一起共同参与编写操作指南，并明确操作流程和相关人员责任。制造业与物流业联动过程中的操作行为都有标准操作流程引导，这样大大减少了第三方物流服务商和制造企业自身的物流管理成本，提高运作效率。为了保证联动的顺利进行，物流企业需要对物流服务流程和作业标准进行优化，提高物流服务流程和作业标准的规范性和科学性。

（三）信息系统的无缝对接

信息系统的对接可以实现企业间信息的快速传递、提高信息共享率，满足信息时代对于物流作业的高标准要求。制造企业与物流企业的联动往往涉及生产企业、物流企业、上游供应商、下游客户、银行等多个部门，有效的信息交流是实现联动的基本保证。东北地区工商企业、物流企业信息化程度不高，物资采购管理和企业资源管理等物流管理软件应用水平较低，条码技术、射频技术、全球卫星定位系统等物联网技术在物流领域应用较少。物流企业与制造企业信息系统的无缝链接，有利于制造企业实现"零库存"的目标，制造企业将原材料及零部件采购、仓储、商品集散等非核心业务分离出来，减少资金占用，降低运营成本，这至少可以为制造企业降低 3% 至 5% 的运营成本，甚至可以达到 10% 以上。根据制造业与物流业联动的业务内容，设计联动信息共享机制，确定相关业务联动关键点，开发关联点数据信息的互相链接接口。

（四）拓展金融物流服务，缓解制造企业资金压力

金融物流不仅可以协助制造企业拓展融资渠道，降低融资成本，提高资金的使用效率，而且能够提高物流企业的服务能力和经营利润。制造企业在生产过程中遇到的资金周转问题，不仅会影响前期原材料的采购进度，而且还会造成生产计划的延误，最终导致产品不能按期交货。物流企业可以通过分析制造企业实际情况，提供垫付费用、垫付货款、融资担保、动产质押、信用证付汇等服务，减轻制造企业流动资金短缺的压力，保证采购、生产和销售的顺畅运行。

（五）全面协调联动机制

在制造业与物流业联动的过程中，联动机制的协调关系着双方参与联动的积极性、坚持联动的稳定性，对物流活动进行监控是外包顺利进行的重要保证。制造企业在实时监控

物流活动的同时，也要给物流企业提供所需的业务信息，并与其共同制定物流作业流程、确定信息渠道、编制操作指引以供双方共同遵守。特别是操作指引的规范，建立起物流外包的控制机制，使得联动双方相关业务人员在作业过程中能步调一致。

第九节　基于协同体系构建的物流业与制造业创新服务模式

作为我国市场经济的重要支撑，物流业的发展在推动产业结构调整方面，发挥着巨大的作用，是产业升级转型的关键推动力。目前，我国的物流业正在快速发展，然而，相较于发达国家的社会物流体系，还存在着一定的差距，在物流数字化、专业化服务方面的水平还有待提升。

制造业作为物流业的发展基石，与物流业的关系十分微妙，表现为相互渗透与融合性的关系。由于我国目前物流服务的供给不足，我国很多制造业纷纷涉足物流业，以自营物流的方式，满足自身物流需求。但是，这种方式的弊端在于效率低、成本高、浪费资源，在影响物流业发展的同时，也降低了制造业的核心竞争力。

在此背景下，打造物流业与制造业的协同发展体系，将有利于物流业与制造业的同步发展和互利共赢。在这一问题上，目前国内的专家和学者更多地局限于微观层面，研究物流企业和制造企业之间的协同发展问题，却没有剖析行业之间的协同发展。要从根本上推动物流业与制造业的协同发展，必须创新服务模式，构建完善的协同体系。

一、创新服务模式的动因及策略

在经历改革开放40余年的飞速发展期后，我国迎来了经济缓速发展阶段，在此背景下，创新已成为国家经济发展的重要战略。创新绝不单单指的是技术创新，同时也包括管理模式创新、体制创新、服务模式创新等等。

（一）创新服务模式的动因

1. 社会需求

随着市场经济的飞速发展，消费者与企业的社会需求都在发生剧烈的变化。一方面，企业的市场竞争环境愈加激烈，竞争行为正在向全面化服务方向发展；另一方面，消费者的产品需求正在不断增加，期望获得更多元化的产品种类、更高标准的产品性能。为了满足消费者的现代消费需求，制造业必须投入更多的资源到产品设计、产品开发及产品规模化生产环节。在激烈的竞争环境中，制造企业的单纯产品销售模式已经无法满足消费者的正常消费要求，因为消费者的消费目标已经向更高的服务消费层次转移，这就迫使企业需要调整自身的生产策略，为消费者提供更好的服务。在此背景下，制造企业必须通过资源整合，缔造现代化的创新服务模式，一方面直接面对消费者，另一方面体现企业价值，推动企业的可持续化发展。

2. 竞争压力

在全球经济一体化的背景下，全球的制造业都处于激烈的竞争状态中，传统制造业的竞争优势越来越小。德国及欧洲的工业 4.0 模式，正在颠覆传统制造业的标准化发展模式，产品差异化的竞争优势日益显现。未来，创新的服务模式将是差异化竞争的核心环节，制造企业必须走创新发展之路，打造自身的核心竞争力。

3. 追求利润

基于价值链视角，制造业的价值表现，正在从制造环节向服务环节转移；基于产业价值链视角，决定产品差异化的竞争优势环节，也在向上下游，如设计研发及售后服务等转移。传统的"价格战"模式已经被渐渐淘汰，"服务之战"才是在价值链背景下最关键的一个环节。通过重构价值链，融合产品与服务，更容易满足现代消费者的需求，同时实现企业的多环节盈利目标。对于制造业而言，将核心产品的全生命周期都纳入服务体系当中，往往可以获取更稳定、更多的利润。创新服务模式，将为企业带来新的利润增长点，同时为社会的发展带来更多动力。

4. 战略需求

在长期的发展进程中，企业良好的产品竞争策略，是实现企业长远目标的关键手段。然而，在经济新常态发展环境下，产品竞争策略的优势逐渐减弱，传统制造业渐渐陷入利润减少的境遇。面对新型服务市场的出现，制造企业应该转变生产与服务方式，主动适应消费者的消费方式，通过缔造企业和消费者之间的稳定共生关系，推动企业的长期发展。在此过程中，企业需要不断了解消费者需求，完善并引导客户参与到价值服务与创造环节，提升消费者满意度，使企业获得更稳定的战略性发展。

（二）创新服务模式的策略

所谓服务模式，即服务的组合与有效转化机制。服务的转化，一方面是服务到产品的转化；另一方面则是产品到服务的转化，即服务产品化与产品服务化。服务产品化与产品服务化，前者代表着服务资源的节约，后者代表着自然资源的节约，两者都属于服务模式的一种。

创新服务模式的根本，即做好产品服务化与服务产品化的良好转换，通过创造高效率的优质服务，打造良好的、全面的、持续的企业服务机制。服务模式的根本在于满足服务需求，就是为现代消费者提供更优的服务质量、更多的服务类别、更高的服务水平等。所以，创新服务模式的根本目标，就是提供优质、便捷、丰富的服务。

1. 服务产品化

服务产品化是将劳动服务转化到产品中的过程。对于制造业而言，其最终与消费者产生交集的核心，就是产品。在长期的市场经济发展中，服务产品化始终存在，劳动服务转化为产品，是市场发展的根本。从广义而言，服务产品化是指包括制造业、现代服务业与农业所有的劳动服务物化产品过程。从狭义上来讲，服务产品化就是将劳动服务变成标准化的产品过程。

2. 产品服务化

将产品外化成劳动服务，提供服务的过程就是产品服务化，是最终为消费者提供服务的一种服务模式。产品服务化的基础是产品，在产品存在的情况下为消费者提供服务，是所谓的"基于产品的服务"。在现代市场经济发展路径中，产品服务化的实现，是将产品转化为服务。

三、构建物流业与制造业协同体系的必要性及问题

（一）物流业与制造业联动协同的必要性

基于协同发展的环境下，物流业将与生产融为一体，打造一体化的全过程运营，其本质在于最优化制造企业物流资源，打造产业的动态联盟，提高整体供应链的运行效果，达成客户价值的最大化。

在制造业的生产流程中，物流无疑是必不可少的一环，在社会分工、细化的过程中，物流业从制造业中剥离，两者属于完整的体系。在现代化的发展进程中，物流业与制造业之间存在着协作发展关系，在运营业务上密不可分。一方面，物流服务离不开制造业，制造业的生产加工环节，需要将各种物质材料进行时间、空间及形态的改变，其中空间与时间的改变即物流活动。客观而言，物流业一旦脱离制造业，则会失去服务对象。由此可见，物流业的发展必须建立在制造业基础之上。另一方面，物流服务是制造业发展的重要环节，在工业发展的每一次变革中，物流业都在随之发展。由此可见，两者的协同发展是最佳的选择。

作为开放性的系统，制造业的系统需要不断和外界进行信息与物资的交流，这为物流企业解决了货源问题。基于协同理论，物流业系统与制造业系统之间必须强化配合，向着同一目标合作发展，打造两者共同的可持续发展路径。有效打造制造业与物流业的协同体系，将有利于提高制造业和物流业适应内外部环境变化的能力。通常来讲，当外部及内部环境发生突变时，例如：国家政策、消费者习惯及竞争环境发生改变时，都会影响物流业系统与制造业系统，影响两者协同体系的运营效果。在经济全球化的市场背景下，市场发展瞬息万变，唯有打造物流业与制造业的协同体系，才有利于规避各种风险，寻找产业发展的良好途径。

（二）物流业与制造业协同联动存在的问题

1. 难以有效对接物流服务

目前，我们的物流业发展还存在着不均衡的情况，物流服务的需求和供给之间难以有效对接。部分国内制造企业依旧延续着传统的管理模式，没能够更好地完成社会化的需求转化，限制了行业的资源整合与高效率运转。虽然第三方物流企业层出不穷，但是在社会化需求不足的情况下，专业的物流企业受限于服务水平不足，难以有效对接制造企业。对于制造企业而言，由于物流服务是一项跨度时间长的服务，且需求方往往难以参与其中，所以存在着对物流企业的不信任，难以采取有效的监督机制，监督成本较高。与此同时，服务过程信息的不对称与不透明，也导致了物流企业服务质量难以保障。

2. 现代化物流服务水平较低

虽然现在物流企业数量不少，但是很多企业都存在功能单一、规模较小的问题，并且延续着传统的运营模式，缺乏创新服务模式，没能够顺应现代化的发展趋势。根据市场调查了解发现，很多物流企业往往就是运输企业，一个司机和一辆车，就构成了整个所谓的"物流公司"。从人力资源的角度来看，物流业的从业者也存在着专业度不足、服务意识缺乏的问题。纵观国外知名物流企业，通过现代信息技术的革新，实现了各种功能物流活动的整合，提升了物流效率，在信息化的作用下，突出了企业的协调性与系统性。目前，我国部分物流企业还处于传统服务模式中，缺乏技术革新与信息系统的构建。

3. 信息不对称

在信息化的构建流程中，制造业与物流业都需要根据本身的需求，进行信息共享。然而，现代企业的信息化发展水平参差不齐，很多小企业还在使用手工信息处理，难以与匹配的企业达成协同业务。基于供应链视角下，共享物流企业与制造企业的标准与信息，有利于最大化双方的收益率，并且将市场风险降到最低，也有利于奠定良好的合作发展基础。在信息时代，制造业与物流业的发展，必须基于信息共享的基础之上，彼此之间更要制定规范与标准的信息控制、采集与传输内容，构建良好的物流信息共享机制。

4. 行业标准有待完善

物流现代化的基础，主要是标准化的建设，物流业想要在经济全球化背景下取得优势，必须与国际化物流标准接轨，按照统一的物流技术与物流作业标准，例如物流装卸设备标准与运输设备标准等，推动物流业的发展。通过标准的统一、信息的统一，提升产业联动的效果，降低运输成本，提高物流效率。然而，目前一些企业物流信息化标准严重滞后，导致制造业难以有效利用物流基础信息。由此可见，唯有解决物流行业的标准化缺失问题，才能推动行业发展。

四、创新服务模式视角下物流业与制造业协同体系构建

目前，制造业与物流业的协同联动存在着许多问题，需要通过创新服务模式来解决。实现服务模式的创新，需要制定有效的目标，不断完善制度建设与技术革新，构建协同联动服务模式的模型。

（一）协同联动创新服务模式的目标

创新服务模式的直接目标，就是要充分满足物流服务的相关利益方需求，解决目前制造业与物流业的协同发展问题。通过分析物流服务的利益相关方，发现主要问题表现在物流服务过程信息及交易信息两个方面。作为协同的基本条件，信息的有效沟通是当前制造业与物流业必须解决的主要问题。在协同发展的第一个环节，需要制造业与物流业企业完成物流交易的信息沟通，通过控制信息来强化协同的效果。所以，创新服务模式的目标，从根本上而言就是要完全实现物流与交易信息与过程信息的全面化、有效化。

（二）协同联动服务模式技术环境

在构建制造业与物流业的协同体系过程中，需要融合多项技术，主要包括：

1. 信息感知技术

信息感知技术包括温控技术、二维码技术以及射频技术等。其中，以二维码技术为最新潮流，伴随着移动互联网与智能手机技术的不断革新，二维码技术为现代物流业发展带来了极大的帮助，通过二维码的技术应用，能实现对物流车辆管理、线路管理的全面监控，大大提升物流的服务质量与运作效率。

2. 信息采集技术

信息采集技术涵盖数码成像技术、GPS 定位技术、移动数据采集技术及实时定位技术等。在铁路与公路行业中，GPS 定位技术已经得到了广泛的应用；实时定位技术的移动网络，能更巧妙地解决定位追踪问题；在移动终端的数据采集技术下，实现信息管理水平的提升。

3. 信息传输技术

信息传输技术包括 BBP 技术与无线通信技术等。在互联网发展逐渐改变人们生活与工作模式的背景下，企业与供应商之间的信息协同更有效率，能更有效地整合信息资源，强化物流业与制造业的信息交互效率。

4. 物联网技术

物联网技术主要指基于移动互联与互联网等技术，实现人与物、物与物之间的信息交流。在物联网的作用下，信息化与工业化的融合发展范围正在不断扩大，已渗透到各个领域中。在物流业中应用物联网技术，将能更准确地收集相关信息，为用户提供智能化与个

性化的服务。

5. 数据共享与应用同步的保障安全技术

这种保障安全技术包括数据加密技术、通信鉴别技术等，旨在确保信息传输的安全性。

6. 数字化仓储技术

数字化仓储技术主要是指将电子货位管理、出库管理、入库管理等环节，共同打造为基于 RFID 技术下的有效路径，打造信息自动入库的数字化仓储空间。

7. 云计算技术

目前国内的云计算技术已经开始和国际接轨，即基于云计算的理念，通过对数据的大量收集和分析处理，为客户提供有针对性的个性化服务。

8. 移动支付技术

使用智能手机的移动支付功能，可以更便捷地完成支付交易，可以将通信、互联网及支付融入移动终端设备中，推动物流业的发展。

（三）协同联动服务模式的制度环境

制造业与物流业的协同体系构建，必须基于多制度融合，包括物流标准、服务认证标准、交易规划、市场规范与管理、政策法规等相关制度。

1. 物流标准

标准化的物流环境，是推动物流业稳定发展的关键要素，需要制定物流系统内部的机械装备、设施及工具等技术标准。同时，还要制定配送、装卸及运输等管理与作业标准，要与相关国际标准接轨，进一步推动物流业发展。

2. 服务认证标准

针对物流业的混乱发展，行业内需要制定一个认证的标准，要求企业可以依据物流标准，提升平台的协同运营效率。标准的制定，有助于推动企业的现代化建设，有利于提高企业的自动化与物流信息化水平，进而提高全社会的物流运行效率，降低机会风险。

3. 交易规则

交易规则的内容，包括交易双方的利益保障机制与竞价机制、交易达成条件和违约惩罚机制等。面对市场交易信息层出不穷，交易企业急需透过健全的交易规则确保自身的利益。

4. 市场规范与管理

在协同体系下，各利益方需要构建一套约束机制来确保市场发展的秩序与公平。对物流服务市场，政府部门需要在市场管理与规范方面给予一定的帮助和支持。

5. 政策法规

从 1996 年至今，我国出台了一系列物流业相关政策法规，主要包括《关于促进我国现代物流业发展的意见》《物流业调整和振兴规划》《物流业调整和振兴专项投资管理办法》等，政策法规的相继出台，引导着物流业的发展方向，同时也推动了物流业的可持续发展。

（四）协同联动服务模式的模型

目前在我国物流服务系统中，共存在着三个主要部分，即物流企业、物流服务需求方及监管部门。对于物流服务的需求，三方均存在着不同的侧重点。物流企业需要更好的市场条件，物流服务需求方需要更优质的物流服务，监管方则需要良好的监管收益。打造物流业与制造业的协同体系，创新服务模式，将有利于妥善解决三者需求差异化的问题，为市场经济的发展提供有利条件。

物流交易系统，其功能在于实现物流服务的信息有效对接，为物流服务的供给方与需求方提供更有效的信息对接，使市场可以平衡物流服务的供需情况。物流交易系统由交易规则、市场规范等制度以及物流交易平台开发技术融合实现。该系统既能够降低物流交易的门槛，也能够降低物流交易的费用，提高物流交易的效率。

企业服务评价系统，即制造企业对于物流服务的评价系统，是提升物流企业信誉度的关键环节，有利于物流企业透过外界的评价，建立良好的信誉机制，做好企业内部人员的绩效考核。

作为政府监管部门的监管平台，监管系统是基于云服务平台的信息储存中心，有利于政府监管部门获取更全面的物流服务与交易信息，并对相关信息进行分析处理，把控市场的发展动态，强化监管效率。

进入 21 世纪以来，我国市场经济飞速发展，消费者的消费需求逐渐提升，企业竞争愈加激烈。在此背景下，实现物流业与制造业的协同发展，将有利于推动社会经济稳步向前，满足消费者的消费需求。基于利益相关方理论，创新服务模式将是物流业与制造业打造协同体系的最佳方式，在良好的制度环境与技术环境下，创新服务模式的模型将更容易协调多方利益，满足利益相关方的需求。

第十节　构建物流业与制造业共生新模式

当今时代，人们不仅对产品质量有着很高的要求，对产品的物流运输也提出了更多的要求，为了满足市场需求，物流业和制造业联合发展、协同发展成为必然趋势，也为两个产业开辟了新的发展路径。

制造业是指对包括物料、能源、设备、工具、资金、技术、信息和人力等制造资源，通过制造过程转化为可供人们使用和利用的大型工具、工业品与生活消费品的行业，制造业在国民经济中占有重要份额，直接体现一个国家的生产力水平。物流业实施生产性服务业，物流业的快捷服务能够推动制造业的快速发展，提高制造业的竞争力。

一、物流业与制造业产业联动模式简述

（一）产业联动模式的理论基础

物流业与制造业产业联动模式的理论基础主要有两个：第一个是交易费用理论。这个理论的核心点是节省交易费用，包括节省交易过程费用、交易行为费用和交易中不必要的费用。制造业和物流业的长期合作，让双方保持一种稳定的关系，可以减少不必要的资金投入。第二个是博弈理论。这个理论主要适用于既有竞争关系又有合作关系的产业。制造业和物流业的合作问题实质就是产业博弈问题，当双方的博弈次数达到一定数量时，双方就会选择长远利益，从而实现双方的合作目标。

（二）产业联动模式的特征

产业联动是指产业之间为了顺应市场规律，以产业关联性为基础的一种互相促进、联合发展的模式，主要目的是通过联合优势获取更多的经济利益。物流业与制造业产业联动，是指以物流业和制造业之间的关联为基础的产业联动，主要是通过产业合理分工和优化产业资源配置提升产业的竞争力。物流业与制造业产业联动模式的特征主要体现在三个方面：一是以供应链为基础。供应链是产业联动发展的基础，也是产业联动发展的主要推动力量，它能够将制造业和物流业连成一个整体，提升整体的产业竞争力。二是以共赢为目的。产业联动的本质目的就是共赢，制造业和物流业在产业联动中都能获得更多的经济利益，并且能够提升产品和服务的附加值，稳定市场份额。三是以企业为主体。产业联动实质就是以企业为主体的深度合作，能够实现企业的可持续发展。

（三）产业联动模式的功能

物流业与制造业产业联动模式的功能主要体现在三个方面：一是降低物流业和制造业的经营风险。企业经营是受内外部因素影响的，为了保证企业的稳定发展，企业就要和其他企业进行合作，交流技术和经验，以此提升企业的工作效率，避免经营风险对企业的打击。二是开拓新的市场。市场需求是产业联动发展的主要考虑因素，制造业和物流业的产业联动扩展了原有市场，让企业找到了新的经济增长点。三是提升产业的竞争力。在当今时代，产业要想发展就要有足够的产业竞争力，就要使用新型的竞争方式。产业联动就是新型的竞争方式，它能够有效减轻企业的经营压力，促进规模经济的发展，让联动的物流业与制造业获得丰厚的利益。

二、物流业与制造业产业联动的作用

（一）促进产业结构优化

当前，我国经济正处于高速增长向高质量发展的转变阶段，制造业和服务业都在探索转型升级的道路。物流业与制造业产业联动促进产业结构优化升级，有效整合了第二产业和第三产业的资源，延长了产业链条，同时服务业的比例得到明显提升，服务业的作用也得以发挥。产业结构优化是我国产业发展必然要经历的一个过程，也就是说物流业与制造业联动是不可逆转的趋势，是物流业和制造业现代化发展的主要形式。除此之外，物流业和制造业产业联动让企业的物流活动变得更加规范，让物流成为新的顾客消费热点，能够有效提升企业的经济利益，促进企业发展。

（二）提高制造业竞争能力

随着我国工业化水平的不断提高，制造业内部的竞争也越来越激烈。竞争力低的制造业企业无法在竞争激烈的市场中长期发展，不能满足顾客的消费需求。在当今时代，顾客除了注重产品的质量外，还注重产品的物流运输速度，而大多数产品质量是相同的，所以物流运输效率高，物流服务水平高的制造业企业能够受到更多顾客的欢迎，竞争力也就更高，换句话说就是制造业企业要利用物流业企业的专业化运输能力，提升产品的运输速度，为顾客提供优质的物流运输服务，实现产业链的联动，减轻制造业企业物流运输、管理压力，降低物流费用，实现制造业企业的全新发展。除此之外，物流交易所产生的风险也有了明显的降低，制造业企业能够和信任的物流业企业建立合作关系，有效提升整个制造业的反应能力。

（三）提升物流业服务水平

物流业是第三产业，主要为顾客提供便捷的物流服务。物流服务水平高的企业一定是一个受顾客欢迎的企业。物流业和制造业产业联动让物流业占据了更高的市场份额，为物流业开拓了更大的生存发展空间。物流业通过和制造业的合作可以增加业务量，同时能够根据制造业的反馈来提升物流运输效率，改善物流服务水平，促进物流业服务方式的创新。物流业可以根据制造业的需要提供多样化的物流服务，从而开辟新的发展道路，优化物流业的资源配置，提升物流业的资源利用率。

三、物流业与制造业产业联动模式构建中的问题

（一）产业联动模式构建制度不完善

物流业与制造业产业联动模式构建是一个复杂的过程，需要物流业和制造业联合制定

构建制度，以此来保证联动模式构建的效率。当前的制度存在三个不足：一是实用性不足。物流业与制造业在制定制度时没有考虑到企业的实际情况，制定的制度过于脱离实际，不能发挥出实际作用，无法促进企业的联合发展。二是适用性不足。物流业与制造业在制定制度时没有进行充分的沟通与交流，无法了解对方的实际需求，不能制定出同时满足双方需求的制度，影响了制度的使用。三是长效性不足。物流业与制造业只考虑到了短期的利益，无法制定出能够长期发挥作用的制度。

（二）产业联动模式保障机制缺失

物流业与制造业产业联动模式是产业协调发展的主要形式，需要保障机制，也就是协调来促进联动发展目标的实现。当前，物流业与制造业产业联动模式保障机制的缺失表现在两个方面：一是联动贸易机制的缺失。联动贸易机制是物流业与制造业产业联动的基础，主要的作用是反映制造业产品和物流业服务的需求关系。这种机制的缺失会影响物流业与制造业的贸易发展，降低产品的流通速度。二是联动供求机制的缺失。联动供求机制是物流业与制造业产业联动的核心，主要作用是通过供给与需求之间的状态来判断产品的市场价格。这种机制的缺失会导致市场供求的不平衡，使得企业无法满足市场需求，限制企业的发展。

（三）产业联动模式构建人才缺乏

物流业与制造业产业联动模式构建主体是构建人才，但是既懂得物流业相关知识又懂得制造业相关知识，还能够帮助企业构建产业联动模式的人才相对缺乏。第一是制造业和物流业在招聘时没有考虑应聘者的综合素质，只注重应聘者的学历，招聘的员工虽然有很高的学历，但是对制造业或是物流业的相关知识都不太了解，并且没有与产业联动相关的工作经验，无法在产业联动模式构建中发挥作用。第二是制造业和物流业企业，无法培养出高素质、高技术的人才，无法满足员工的实际需求，无法促进员工的发展。

四、构建物流业与制造业产业联动模式的建议

（一）完善产业联动模式构建制度

物流业与制造业要制定完善的物流业与制造业产业联动模式构建制度，保证产业联动模式构建的效率。物流业与制造业要从三个方面入手：第一，提升物流业与制造业产业联动模式构建制度的实用性。第二，提升物流业与制造业产业联动模式构建制度的适用性。物流业与制造业在制定制度时要进行充分的沟通，要了解对方的需求，制定出双方满意的制度，提升制度的适用性。第三，提升物流业与制造业产业联动模式构建制度的长效性。物流业与制造业在制定制度时既要看到短期的利益，又要看到长期的利益，要制定出能长期发挥作用的制度。

（二）建立产业联动模式保障机制

物流业与制造业应建立物流业与制造业联动模式保障机制，促进行业间的协调发展。物流业与制造业要从两方面入手：一是建立联动贸易机制。联动贸易机制能够帮助物流业与制造业了解市场中的供求关系，疏通企业的生产和流通环节，合理配置资源。除此之外，还能够调节企业的收入分配，提升产品的流通速度。二是建立联动供求机制。联动供求机制能够帮助物流业与制造业了解市场中供给和需求的状态，从而帮助企业调整产品价格，以此来满足市场的需求，促进企业的发展。物流业与制造业联动模式保障机制就是以物流业与制造业为主体的市场机制，主要负责优化物流业与制造业的联动结构，以此来提升物流业和制造业联动的耦合度。

（三）提升物流业与制造业人才素质

要提升物流业与制造业产业联动模式构建的人才素质，以此来满足产业联动模式的人才需求。物流业与制造业要做好两方面的工作：首先，要做好产业联动模式构建人才的招聘工作。物流业与制造业在招聘构建人才前要制定明确的招收标准，根据招收标准利用物流知识考核、制造知识考核、职业素养考核等多种考核方式挑选出最优的应聘者。对拥有丰富产业联动相关工作经验的应聘者要优先招收，以此来提升产业联动模式构建人才队伍的整体素质。其次，要做好员工的培训工作。物流业与制造业要通过物流知识培训、制造知识培训、职业素养培训等多种培训提升员工的综合素质，将员工培养成为产业联动模式构建人才。企业要定期开展培训活动，并对员工进行考核，树立员工终身学习意识。

总之，物流业与制造业产业联动是物流业与制造业现代化发展必经过程，也是物流业与制造业发展的新方向。物流业与制造业要制定完善联动模式构建制度、建立联动模式保障机制、提升联动模式构建人才素质和物流业与制造业产业联动的耦合度，促进制造业与物流业的现代化发展。

第三章 现代物流与制造业的发展研究

第一节 我国制造业物流外包发展的策略分析

对于当今国内外的严峻局势，战略性新兴起的产业在发展中遭到了"当局企业热、市场冷"的现象，我国产业组织结构的调整形势也让人担忧。竞争的加剧使企业面临着来自各方面的压力，所以，企业着重从战略角度对物流功能集成，实施流程再造与外包业务的分离。对制造业和物流业来说，企业的核心竞争力是其发展的实质，物流业务外包已经成为企业降低运营成本和增强核心竞争力的一种新方法。在这个信息大爆炸的时期，网络信息技术的高水平化以及物流外包服务的高度专业化、一体化的优势成为促进全球经济发展的巨大推力。因此，企业应在治理中培养风险意识，寻求更好的管理模式，选择有效的方法降低风险成为制造业与物流业在理论和实际研究中的新趋向。

一、企业物流外包的优势

（一）有利于降低物流成本，提高企业生产效率

在市场竞争的大环境下，企业要想降低费用，就需要增加利润。物流成本占总成本的比例较大，是否节约物流成本，将直接影响企业的总成本。现代物流企业的专业物流技术、信息管理系统、完善的物流网络以及专业的从业人员，都是降低运营成本的重要因素。不仅如此，把仅有的资源用到商业活动中，还能提高企业的生产效率。

（二）有利于增强企业核心竞争力

一个企业的市场竞争力是其决策的核心竞争力。现在的企业一般都把其主要资源放在核心竞争力的创造上，而将其他的工作外包给专业的企业运营。

（三）有利于增强企业的市场应变能力

现在企业面临着飞速的发展以及激烈的竞争，市场的变化也很快，企业之间的竞争主

要体现在对市场的反应能力上。为适应市场的变化，企业组织应当具有灵活性。企业将其物流环节外包给专业的物流公司，可以精简业务部门，灵活应对市场变化。而第三方物流企业以其专业的经营手段及时应对市场和顾客的需求变化。同时，企业通过物流外包对资源进行整理配置，能合理有效地利用企业内外的各种资源，防范动态市场风险，提高供应链的柔性以及企业的反应能力。

（四）有利于提高服务水平

如今，消费者对商品和服务的要求变得很严苛。消费者希望企业能够在提供物美价廉的产品的同时提供高质量的服务。因而，客户服务质量对于企业来说至关重要，是企业的一种竞争软实力。

二、制约我国制造业与物流业联动发展的主要因素

（一）政策方面

企业要遵循经济规律进行跨行业、跨区域物流合作，那么企业必须有非经济因素的制约，如需要有大量的交易成本，这使得行业的联动面临巨大挑战。制造业与物流业的联动发展需要完善的环境支持，但是当前产业政策的缺失以及主导协调机构的缺乏，都成为制约其发展的重要因素。

（二）行业协会方面

我国的制造业和物流业是两个独立的行业，若要两个行业在同一个层面上实行一定的沟通合作，就需要在两个行业之间搭建桥梁进行衔接和沟通，行业协会就是这个桥梁。

（三）制造企业方面

一是思想落后。很多的制造企业没有重视现代物流的新思想，对其存在一定的抵触心理，继续依照传统的运作模式自营物流。二是退出成本。因为很多企业的模式都是自营模式，所以就会有专门的物流运营设施。如果想将自己的物流业务外包，那么就需要把一部分资源进行重新组合、利益重新分配。即使制造业有物流社会化的动机，但从原来的系统调离出来也是非常困难的，需要考虑这方面的退出成本。三是受物流外包风险的制约。第一，因为一些制造企业规模不大，并且欠缺管理经验，而且方式上很单一，这样不能起到应有的监督作用；第二，我国的一些政策和制度尚需完善；第三，一些制造企业害怕一些物流业务外包给第三方物流后失去原有的控制权。

三、加快我国制造业物流外包发展的策略

（一）加强基础设施建设

当前中国的第三方物流服务尚处于起步阶段，因此物流设施需要进行必要的规范。在中国物流通道的标准化进程中，需要政府和有关部门提高道路信息系统，运输系统和物流服务，提高运输效率。此外，还要集成公路的管辖、水路和航空网络的整体优化。随着铁路网络的进一步整合，提高铁路和公路运输系统接口，使各种交通运输基础设施能够创造一个共同的无缝的平台，进而形成一个完善的综合交通体系。

（二）完善物流标准体系

制造企业务必借助供应链管理的理念，从战略高度重视物流功效整合，施行程序更新，分散物流外包交易，与物流企业加强深度协作。应做到以下几个方面：一是选择适合企业的物流模式；二是多标准地挑选物流服务商；三是与物流服务商达成战略合作关系；四是建立有效的信息共享及保密机制；五是实行双赢的举措，加强合作关系。

（三）加强人才方面的培养

现在物流企业专业性人才稀少，随着物流市场的扩大，对于人才的需求也会增加。所以，人才将是我们后期需要解决的重大问题。首先，可以对人才进行技能方面的训练，加强考试操作的难度；其次，培训机构和企业之间应进行必要的沟通协调；最后，对物流管理方面人员进行培训，为物流企业培养既有技能又能管理的人才。

第二节　制造业物流成本管理相关问题分析

制造业是我国国民经济的重要支柱型产业之一，同时也是社会发展的重要基础，是我国综合实力的一个重要体现。随着我国国民经济的飞速发展，社会需求越来越多样化，加之经济全球化发展，在给制造企业带来新的发展机遇的同时，也带来了一定的挑战。制造企业应该勇敢地迎接挑战，优化物流成本，同时寻找物流成本、物流时效以及物流可靠性之间的平衡点。现阶段部分制造企业物流成本管理中依然存在着一些问题有待解决。企业应该正确看待这些问题，并深入分析引发这些问题的原因，制定行之有效的措施加以解决，从而确保企业的可持续发展。

一、制造业物流成本管理概述

从制造企业供应链管理的角度来看，制造企业在生产与经营的过程中会产生一定的物流成本，其中包括从原材料的采购到产品销售整个过程所产生的所有物流费用。

二、制造业物流成本管理存在的问题

（一）物流信息化程度较低，与互联网关联紧密度较弱

信息管理技术落后，是造成目前运营模式落后的一个重要原因。部分制造企业物流信息化程度相对较低，依然在依靠人工方式实施物流成本管理，这样不仅会降低物流成本管理效率，还会严重影响物流成本管理的效果。部分企业虽然也引进一些信息化技术，但只是对局部或者某些方面进行改善，随着业务量不断加大，信息技术的不断发展，已经不能完全满足当前工作的需要。由于缺乏特定用途的信息管理技术、缺乏相关技术设备，有些数据无法实现信息化处理，也就不能提升订单处理效率和物资配送效率，这样就难以实现库存的优化配置，无法有效降低成本。

（二）缺乏合理的物流布局，各部门之间缺乏良好的协调与配合

部分制造企业在实施物流成本管理过程中，缺乏整体性的规划，致使企业物流各个环节之间的衔接缺乏合理性，同时各个部门之间缺乏良好的协调与配合。例如：某制造企业的仓储管理与生产线之间不匹配，致使货物和材料的运输线路相对较长，导致在物流管理上的脱节，卸货区域变为暂存区域，并且货物和材料的摆放较为杂乱，未能按照先入先出的原则进行摆放，影响到后续货物和原材料的装卸，进而影响制造企业的正常生产，生产效率大大降低，物流成本增加。

（三）缺乏对物流成本各类明细费用的独立归集，不便于物流成本分析

传统的成本核算方法通常按照产生物流成本的主体对制造企业物流成本费用进行划分，分别为制造企业自身物流成本和委托第三方物流公司所产生的成本。企业进行物流成本核算时仅关注物流总成本，分析阶段则单纯地将总成本分配到不同的产品或服务中。但是这种成本统计和分配方法的缺陷比较明显：一是不能完整体现企业物流各环节的成本构成；二是采用机械的物流成本分配方法，忽视了物流在企业产品或服务间的差异性服务。这种核算和分析方法增加了成本信息失真度，导致资源浪费和物流服务水准下降，严重的话会影响公司的经营决策。

三、制造业物流成本管理的有效措施

（一）提升信息化水平，引入智能仓储、RFID 等新兴技术

目前，我国制造业物流成本管理水平还有待提高，部分制造企业未能与时俱进地对物流信息系统进行更新换代，致使企业物流信息系统较为落后。随着市场经济的快速发展，制造业市场竞争越来越激烈，为了能进一步优化管理成本，提升盈利能力，同时更快捷地满足客户对要求制造企业应加强对信息化平台的完善。物流管理系统的搭建，可以充分利用目前先进的物联网技术、智能仓储系统以及整合度更高的企业资源计划系统。

首先，通过现代化的系统信息平台，货物在不同物流环节的信息可以自动被记录，跟踪。其次，有效的信息化平台可以大幅减少物流人员的数量，减少成本。如在收发货环节，应用 RFID 便可以通过芯片的自动识别替换人工清点的动作。又如自动化仓储系统，可大幅替代仓库人员的拣货操作。最后，有效的信息化平台，可以清晰记录货物在每一个物流环节所耗费的时间与成本，如现在的电商平台，消费者下单之后，能够清晰看到自己所购买的货物已经到达的具体位置。这些信息除了可以满足消费者的需求，也可为物流决策提供有力的支持依据。通过信息化平台，提升物流管理智能化、信息化水平，不但能提高物流成本管理效率和效果，还能增强制造企业的市场应变能力。

（二）深度分析中央配送中心（CDC）和区域配送中心（RDC）的合理布局，设立贯彻物流体系的 KPI 指标

我国国土幅员辽阔，为了充分满足消费者的需求，制造企业在实施物流成本管理的过程中，应该深度分析 CDC 和 RDC 的合理布局。其中 CDC 是指中央配送中心，主要负责大批量货物的储存、保管、分拣、配货、增值服务以及信息处理等。RDC 是指区域配送中心，其自身具有较强的辐射能力和精确的库存，制造企业应该了解客户的实际需求，对 RDC 不断进行完善。根据货物的规模和运输范围，合理布局 CDC 和 RDC，以此提高物流运输效率，并降低物流成本。另外，制造企业还应该设立并贯彻物流体系 KPI 指标，在了解企业战略目标的基础上，明确对物流成本管理的绩效衡量指标，以此建立切实可行的 KPI 指标体系，做好物流成本管理绩效考核。以此促使制造企业工作人员更加积极地控制物流成本，从而实现物流成本的降低。同时，KPI 体系的设置还应当充分考虑物流配送成本与物流时效、可靠性之间的平衡。

（三）加强健全的物流成本核算体系的构建

制造企业在设置物流成本账户时，需结合企业的实际情况，对物流成本进行细度的划分并归集，增设与之相对应的明细科目。同时，在物流成本的核算与分析中，企业需更加关注物流成本与作业量仓储空间，物流时效，库存量等多维度信息的关联性，建立整合度

更高、更全面的核算与分析体系。这样可以有效降低物流成本核算的难度，核算方法更加简单易懂，同时制造企业的管理层所获取的物流成本信息可以更加完整和准确。这样有利于企业管理层控制物流成本的开支，并确保其决策的准确性，从而提高企业物流成本管理的效率。在财务预算阶段，企业物流成本要细化到每一个物流环节，如仓库租金、采购运费、销售运费、CDC 操作费用等，尽可能细化费用的归属。另外，在制定物流成本预算时，还应该高度结合企业运作的有关信息，如：运费需要结合配送次数，仓库操作成本则需要结合仓库的吞吐作业量等。要解决这个问题，必须改变当前的管理方法和物流流程，结合信息化平台，引入诸如作业成本法等先进的核算方法，使成本核算系统所提供的成本信息更准确，更符合实际。

综上所述，制造企业实施物流成本管理的主要目的在于降低成本费用，增加企业收益。从目前我国制造企业物流成本管理的情况来看，其中还存在着一些问题，因此，我国制造企业必须积极优化物流成本管理，充分发挥物流成本管理的重要作用，不断提高企业物流成本管理水平，并推动企业的进一步发展。

第三节 福建省三明市制造业与物流业联动发展关联分析

制造业是一个地区经济发展的主要动力和重要支柱，而被喻为促进经济增长"加速器"和"第三利润源泉"的物流产业，则成为衡量一个地区现代化程度和综合实力的重要标志之一。发达国家及地区的实践经验表明，传统制造业要向现代制造业发展，制造业要实现结构升级，就需要现代物流业的支撑。同时制造业将非核心竞争力的物流环节释放给专业的物流企业运营，促进物流产业的发展，最终可实现两业联动双赢。

三明市作为工业城市，制造业发展位居全省前列。近年来物流业发展迅速，但与制造业相比，物流业发展相对滞后，落后的物流业已影响三明市的整体经济增长，成为三明市整体经济运行质量与效率以及整体产业竞争力提升的瓶颈。

一、三明市制造业与物流业联动发展的关联因子分析

三明市制造业影响最大的物流业指标因素是载货汽车数量，其次是货运量、货物周转量、城镇居民可支配收入、社会消费品零售总额等，这些指标因素直接关系到三明市制造业的发展水平，比如，载货汽车数量直接影响三明市汽车制造业的发展水平。公路通车里程与制造业的发展息息相关，因此要提高三明市制造业发展水平，加大公路基础设施建设是一个重要措施，三明市载货汽车数量直接关系到物流业服务能力的提高，三明市汽车制造业又是三明市的主导产业之一，载货汽车数量的多少不但可以带动三明市汽车制造业的

发展，也可以表明制造业对物流业服务需求的程度。因此，提高载货汽车数量有利于制造业发展水平的提高。

对三明市物流业影响最大的制造业指标因素是实际利用外资额，其次是总资产贡献率、制造业产品销售率、外贸进出口总额等，这些指标因素反映出制造业的发展水平，也在一定程度上反映出制造业对物流业的需求程度，因此这些指标可以直接反映三明市物流业发展水平。比如：制造业产品销售率的高低直接关系到制造企业市场的活跃程度，而制造企业市场的活跃程度越高，其释放的物流服务需求就越多，物流服务需求可以带动物流业的发展。由此可见，提高制造业的产品销售率，增强制造业市场的活跃程度，可以大幅度提高物流业的发展水平。对三明市物流业影响最大的制造业指标是制造业利税总额，其次是制造业从业人员数和成本费用利润率。这说明三明市制造业的利润空间影响其物流服务需求的释放能力，限制了三明市物流业的发展。因此，要提高制造业利润，降低成本费用，增强制造业释放物流服务需求。

二、三明市制造业与物流业联动发展的对策与建议

由以上分析可知，三明市物流业与制造业的联动较低，因此加快三明市现代物流业发展，创造一个高效的物流环境，实现物流业与制造业的联动发展，对三明市的产业发展具有十分重要的意义。

（一）政府方面

推进制造业与物流业联动发展，引导鼓励制造企业剥离或外包物流业务，专注核心业务；构建区域物流协同体系，推动物流产业集聚，同时培育大型物流企业集团，提高整体物流产业的服务水平；发挥政府的媒介作用，推动中小型物流企业建立物流联盟，组团承接外包服务；设立物流产业发展基金，扶持物流企业发展；提供市场保障，促使物流业与制造业相互渗透，构建合作平台；重视物流人才培养。

（二）物流企业方面

鼓励物流企业采用先进物流技术，实现物流作业机械化、自动化，提高物流企业作业效率；推进物流企业物流环节标准化，在计算机技术和现代物流设备运用的基础上，加强与国际物流技术标准接轨，实现物流企业作业、管理、运作的标准化。创新客户服务方式，服务创新是物流企业的必然选择，在原有的运输、仓储、装卸、配送、流通加工等基础性服务上为客户提供增值服务，例如基于运输服务的特殊产品运输、基于仓储服务的现代化库存管理、基于流通加工服务的绿色包装、基于配送服务的结算收款等。这样既为客户创造价值，又为物流企业提供了利润。总之，物流企业要提高整体服务水平，以高效的服务能力承接制造业的物流外包服务业务。

（三）制造企业方面

制造业是三明市经济社会发展的根基、特色和优势所在，制造业的发展和竞争优势的取得要靠自身的核心业务。物流企业的主要服务对象就是制造企业，要实现制造业和物流业的联动，制造业就必须创新业务流程，巩固扩展核心业务，促进物流业务外包。冶金及压延、汽车及机械装备、林产加工、纺织等制造企业是三明市的主导产业，这些企业的流通费用率较高，而物流服务外包率又较低，在一定程度上制约了这些企业向现代制造企业的发展。因此，制造业要改变原来的观念，专注于其核心业务，把非核心业务外包，提升企业核心竞争力并实现制造业企业内部结构升级。

对中小型制造企业来说，要与第三方物流公司合作。大多数中小制造企业内部都有自己的物流设施，企业要把内部这些分散的物流功能整合起来，将低附加值的物流服务外包给第三方，比如仓储、运输等传统的物流服务，而对高附加值部分继续采用自营的模式，如物流计划、物流设计等。

对大型制造企业来说，要提高其核心竞争力，必须借助现代服务经济的力量。在搞好内部物流管理的基础上采用供应链管理模式，物流是供应链管理中的一个重要环节，供应链管理模式可以降低企业整体物流成本，提高物流服务的质量。企业要获得更加专业化的物流服务，就要与实力较强的第三方物流企业建立长期的合作关系。

而对于其内部物流管理水平已经很高的龙头企业，对物流服务的需求很大，企业内部现有的物流服务随着企业的进一步发展难以满足其旺盛的市场需求，商业机密泄露的风险是这类企业不愿意将物流服务外包的又一重要原因。因此，这些企业往往建立自己的物流公司，或者兼并其他的物流企业，实现物流服务的内部化。

第四节　物流业与制造业协同联动的新型服务模式构建

在经济新常态的环境下，为了促进双方的发展，需要打造协同联动的发展体系，在满足双方经济利益需求的同时，实现产业的均衡发展。基于此，笔者将分析物流业与制造业协同联动发展的意义、存在的问题，并提出相关的解决策略，以期构建物流业与制造业协同联动的新型服务模式。

一、制造业与物流业协同联动发展的意义

（一）供应链水平低下造成制造业物流成本居高不下

从企业物流成本来看，近年来零售业、批发及工业企业物流成本在不断增加，且已超

出同期 GDP 的增长速度。而物流成本内部的运输成本、保管成本和管理成本也在不断增加，且增速持续升高。其中，运输成本的增速比保管成本和管理成本要慢，保管成本增加最为明显。同时，由于较低水平的工商企业物流管理与供应链管理，使保管成本和资金占用成本逐年提升，并逐渐成为物流成本持续升高的又一重要因素。

（二）物流业对推动制造业转型升级具有重要作用

在我国工业化水平不断提升的环境下，制造业不断进步并向精细化方向发展，其市场组织结构从纵向一体化走向横向一体化，在整个供应链中，单一企业侧重于对自身核心竞争力的提升，而行业间的市场竞争也开始向供应链间的竞争转变。这时候单个企业若想取得竞争优势，必然要考虑整个供应链企业的协同效应，通过提高产品质量与服务水平，获得持久生命力。物流是很多企业的关键组成部分，在如今的社会经济环境下，我国制造业供应链要适应市场经济发展，就必然要进行变革。笔者将其变革方向总结为四点：一是根据客户需求的变化缩小制造业供应链生产规模，增加生产频次；二是加快制造业供应链响应速度，提高生产效率；三是依托于现代化信息技术实现制造业供应链结构扁平化；四是提高我国制造业技术水平与先进性。

（三）服务制造业供应链是推动物流业转型升级的有效路径

改革开放四十多年来，我国经济飞速发展，中国政府通过各种与时俱进的政策措施来推动各行各业发展，其中包括制定"互联网+"战略，电子商务是该战略的先行者。当前，我国物流业发展过度依赖电商，单一的发展模式使物流业陷入了价格战的误区和泥潭，这主要是因为物流业自身缺乏差异化，只能打价格战，还处于价格竞争的层次。在这一背景下，物流业必然要在转型升级中实现差异化发展，而服务制造业的差异化为其奠定了基础。不同企业的生产与运作流程存在一定差异，要嵌入制造业供应链，需要在充分认识制造业流程的基础上实现。而制造业企业要更换物流服务商，需要重新进行流程对接、信息系统对接、知识共享等，还需要进行工作过程的磨合，在这一过程中，需要相应的时间成本和费用。因此，物流业的服务能够获得一定的溢价，快递企业之间的竞争就转向专业能力、网络资源、行业知识、解决方案等全方位的竞争，而不仅仅是价格竞争，这样能够助力物流企业走出价格战的泥潭。

二、物流业与制造业协同联动存在的问题

（一）难以有效对接物流服务

纵观一些大型物流企业的发展可知，采用现代信息技术整合物流活动，对企业进行技术创新，可以有效提升物流企业效率。当前，我国的物流企业较多，但是很多企业存在规模小、功能单一、信息化水平低的现象，采用传统模式进行运营，缺乏创新，不能适应现

代化的物流发展需求，难以有效对接制造企业。对于制造企业来说，存在对物流企业不信任的问题，因为物流运输的跨度时间较长，监督机制不完善，难以采取有效的监督措施。此外，从人力资源的角度来讲，很多物流从业者缺乏服务意识、专业知识及技术不足，存在物流服务信息不透明的问题，难以保障物流服务质量。

（二）行业标准不完善

物流现代化要求以标准化建设为基础，我国物流业发展应符合国际物流标准，在物流技术、物流作业水平方面实现与国际接轨，如物流装卸设备标准、运输设备标准，等等，逐步实现我国物流发展的国际化，让国内物流企业走向国际市场。但是，我国当前的物流业发展水平明显落后于国际水平，这是造成我国物流业发展不及国外的重要因素，也使很多物流基础信息得不到有效利用。因此，我们必须积极改变物流行业的标准化缺失问题，才能为物流业的发展创造新的机会。

三、物流业与制造业协同联动的新型服务模式构建

（一）重新对物流业和制造业的发展进行定位，构建协同服务模式制度环境

对行业发展的准确定位在某种程度上会影响一个行业的生存与发展，结合时代发展需求适时定位物流业和制造业发展前景，有效配置资源，必然形成物流业和制造业新的竞争优势。在供给侧结构性改革背景下，以新供给引领新需求，是供给侧各行业、各领域持续保持生机和活力的一条定律，制造业与物流业融合联动发展亦离不开供给侧结构性调整的大环境。为此，一要针对协同发展战略的深度实施给区域制造业和物流业发展带来的深度变化建构新定位。二要站在大趋势和新经济的时代窗口建构新定位，包括物流业如何跟上新型城镇化、高端制造等领域发展步伐。三要围绕跨境电商、物流、制造三者之间形成供应链协同机制建构新定位。构建协同服务模式制度环境：一是服务认证标准。根据物流业的发展现状制定行业内认证标准，提高全社会物流协同运行效率。二是物流标准。需要制定物流管理与作业标准、行业技术标准，注意与国家标准的接轨。三是市场规范与管理。在协同联动发展模式下，双方利益主体需要建立健全相关的约束机制，确保市场有序发展。四是交易规则。交易规则违约惩罚机制、交易达成条件、竞价机制、双方利益保障机制等。五是法治建设，国家和政府部门应制定和颁布相应的政策和法律，指引联动发展方向，规范双方联动发展行为，提高双方信任度。

（二）构建协同服务模式技术环境

随着信息化技术的发展，制造业和物流业都应该根据自身需求，采用信息化技术实现二者的信息共享。但是当前，我国制造业和物流业的信息化水平参差不齐，难以通过信息技术匹配形成协同业务。因此，应该在供应链视角下，建设现代化的制造业和物流业的信

息标准，在双方最大收益率满足的同时降低市场风险，奠定良好的合作基础，构建信息控制、采集与传输制度，实现物流信息共享。在构建制造业与物流业的协同体系过程中，需要融合多项技术，主要包括信息感知技术、信息采集技术、信息传输技术、物联网技术、数据共享与应用同步的保障安全技术、数字化仓储技术、云计算技术、移动支付技术。

（三）大力发展现代物流业，提高其服务制造企业的能力

制造企业的采购、生产、销售、回收、废弃的各个环节都涉及物流，因此，制造业对物流业服务的经济性及安全性、仓储管理能力、联合运输能力、经营管理水平、信息化程度等提出了较高的要求。因此，在构建物流业和制造业联动体系过程中，必须大力发展物流业，培育能满足制造业物流服务需求的供给主体，具体措施如下：一是明确制造企业的物流要求，树立物流流程及供应链上下企业之间的关系，确定服务项目，从运输、仓储、配送等环节向供应链各环节渗透，为制造业提供专业化的物流服务。除此之外，政府还应在物流园区、物流基地规划中提供政策性引导与支持。二是要素提升，重点是人力资本的要素提升。提升人力资本，关键在于通过良好的企业及人文环境吸引各方人才，实现物流业发展思想观念和知识构成的多元化等，为现代物流业奠定基础。

（四）打造协同联动服务模式的信息共享平台

从"十三五"规划纲要对实施网络强国战略、"互联网＋"行动计划、大数据战略等的进一步具体工作部署可知，信息是制造业和物流业联动的重要依据。在现代信息化环境下，为了实现物流业和制造业的联动发展，提高物流业和制造业的联动效率，需要以信息化推进制造业和物流业管理的现代化，构建企业信息资源共享体系，实时采集财务数据与业务数据，实现资源共享、数据共用和信息互通，打通信息壁垒，更好地运用信息化手段畅通沟通渠道、辅助科学决策。鼓励制造企业引进专业的第三方物流服务，开展物流规划，保障供应链体系内物流活动的高效运作。同时，物流企业也要深入了解制造企业的物流需求和供应链运作的管理模式，引导物流企业按照集成整合、便捷高效、服务增值、绿色环保的原则，加强与制造企业的融合互动。

第五节　基于信息视角的制造业与物流业联动过程研究

制造业与物流业的联动协同发展是当前研究的热点、是理论家和各级政府的话题之一。我国政府日趋重视制造业与物流业的联动融合，国家发改委经济运行调节局于 2008 年 12 月 18 日—20 日在青岛举办了第一届制造业与物流业联动发展培训班。2009 年，国务院把物流业列入十大振兴和调整产业规划中，并把制造业与物流业的联动发展作为振兴、

促进物流业繁荣发展的重点工程。国家发改委在 2010 年发布《关于促进制造业与物流业联动发展的意见》，旨在从政策层面上推动制造业与物流业的发展。2014 年 10 月 4 日，国务院印发《物流业发展中长期规划（2014—2020 年）》，推进物流业与其他产业互动融合，鼓励物流企业与制造企业深化战略合作。

一、制造业与物流业联动过程的主体分析

制造业与物流业之间的联动除关注产业间运动时间和功能上的衔接外，还要考虑各产业子系统在时间、空间或功能上的有序结合，以协同发展和互利共赢为最终目的，形成相互扶持、相互合作的产业关系。

制造业与物流业的联动发展包含制造业与现代物流服务业两个重要的内在主体。制造业作为社会经济发展的主要产业，以化工、冶金、机械制造、电子、纺织为主，其物流需求占到社会物流需求的 80% 以上。知识经济以高知识附加值、产品创新为主体，它促使传统的制造系统模式向全球性的、快速响应市场需求变化的新一代制造系统进行转变。现代物流业是一个跨行业、跨部门的复合性服务产业。它涵盖交通运输、流通加工、仓储、信息、包装、搬运、装卸等，以满足客户需求、最大限度地降低物流成本、提高物流效率为目的。

物流服务源于生产制造业，是生产力发展到一定程度和社会分工不断细化的产物，从开始就和制造业形成一种共存、互惠的关系。在新的价值循环过程中，制造业与物流业的协同联动将成为制造业最终实现客户价值的必然选择，而该过程中的信息资源共享则是实现协同联动的关键环节。

二、基于信息视角的制造业与物流业联动过程分析

制造业和物流业的联动过程可以看成是一个信息运动（传递与共享）过程。其本质就是通过对双方联动过程中涉及的相关信息资源的收集、整理、选择、分析判断和利用，从而使联动主体企业做出最优决策，完成资源的优化配置。

制造业与物流业实施信息联动是必然的，信息资源的利用可以帮助双方提高效益，节省时间。而在双方进行信息资源共享的同时，必然会出现组织机构重组、各部门信息重组的情况，只有明确联动过程总的信息资源流动情况，对其进行有效的协作管理，才能使各个信息单元在孤立面对变化情况时从容应对，避免付出较高的代价。

（一）信息由物流业流向制造业的过程

通常，制造业的物流需求是物流业的主要业务来源。在双方联动中，制造业在产生物流需求后，物流业才会有信息资源加入联动过程。因此，制造业的物流需求成为双方联动

的起始点。

1. 企业及相关技术信息

一定程度上，物流企业为制造业提供较为全面的企业信息，可以增加合作的概率。物流设备设施齐全，物流运输方式多样化以及针对企业合理化的多路径选择性管理都是加快制造业物流置换速度和减少物流消耗的体现。

物流业在向制造业提供信息资源时，不仅应该体现其在物流资产、设备设施、技术、物流人才等各方面的专业性优势，更要展示出企业规模、可提供的物流运输方式、运输的多路径管理、物流保险、运输产品的质量保证以及企业的基本经营情况和有效资质等。这些相关信息资源不仅是联动中需要提供给制造业的基本信息，也是其核心竞争力的体现。

2. 费用信息

能够降低制造业成本的方法有很多种，其中一项就是控制制造业与物流业交易过程中的费用支出，从经济学角度看，节省交易费用支出是企业交易的关键点。物流业在提供信息资源给制造业前，必须要拟好交易费用信息，在合同或交易协议中详细陈述物流费用收取目录，以便制造业企业在准备合作前，更好地对将要合作的物流业企业进行选择，从而为自身企业减少物流费用，降低成本。

3. 联动管理信息

制造业与物流业联动过程中，由物流业提供的联动管理信息囊括整个交易过程，包括信息查询、签订合同、履行合同、结算中对贸易双方的跟踪管理。当物流企业为制造企业提供自身的联动管理信息时，可以使制造业企业快速将自身的生产模式与物流有效结合。同时，这也是对物流企业的反向控制和监督。

（二）信息由制造业流向物流业的过程

信息资源在联动过程中的流动总是双向的，在物流业将信息资源提供给制造业的同时，制造业也在为物流业提供双方联动所必需的信息。

1. 行业市场需求信息

市场需求信息包括：整体市场需求信息、潜在市场需求信息和有效市场需求信息。整体市场需求包含外委物流和自理物流。采用外部物流资源的制造业企业除外，自理物流的企业中存在一部分对外委托物流感兴趣的企业，这部分就可视为潜在市场。物流市场中，除了整体市场和潜在市场，还有有效市场的存在，有效市场是由对物流的这类特定服务产品有兴趣并有能力的制造企业组成的一种市场。

2. 库存信息

库存信息包含很多类，包括企业在生产过程、交易维护、操作时存储的各种原材料、在制造产品、维修物件、生产消耗品、成品和备件等。在现代制造业生产大环境下，由于库存信息不准确导致库存过剩或缺少，都会造成联动不能有效连接。

3. 消费者需求信息

现代物流认为物流的原动力来源于消费者需求的拉动力。在制造业提供给物流业的信息资源中，消费者需求信息是一种很重要的信息资源。在产业联动环境下，物流企业与制造企业共同以满足消费者的需要为目标，对自起点到终点之间的原材料、中间库存、最终产品和相关信息的有效流动进行计划、实施和控制的管理。

（三）基于信息视角的制造业与物流业联动过程存在的问题分析

由上述分析可知，基于信息视角的制造业和物流业联动过程中所涉及的信息资源有企业内部信息资源和外部行业信息资源两方面。因此，双方联动过程中，一方面要能处理行业市场需求变化等联动外部信息；另一方面，又要具有处理如资金、劳动力配置、库存、销售等联动过程中的内部信息的能力，充分发挥出联动的优势。我国制造业与物流业联动的起步较晚，而且联动发展的实施也不成熟，处于摸索的阶段。从信息视角看，双方联动过程中出现的如下几个问题较为突出：

1. 制造业和物流业缺乏有效的信息沟通与交流

目前来看，我国在推动促进制造业与物流业联动发展上设立的协调机构较少，这就造成制造业与物流业之间缺乏有效的信息沟通与交流。双方联动过程中，物流业无法获知制造业的真实需求，制造业也不了解物流业的服务能力，有效需求不足和供应能力不够并存的矛盾严重制约着制造业与物流业的联动。

2. 制造业和物流业信息资源融合度较低

制造业与物流业信息资源融合度较低、缺乏公共信息平台。这使得双方各自的信息系统成为孤岛，无法及时、有效共享信息。在联动过程中，信息的及时性与时效性决定了物流运作的效率。双方信息的不同步以及信息资源不能共享，已经成为制约制造业与物流业联动发展的关键因素。

3. 制造业和物流业信息化标准不统一

目前，在物流行业和制造行业里并没有实现统一标准。两个行业的企业都运行着自己的标准，产品编码标准、企业之间物流信息数据交互标准、物流信息平台标准等存在差异，使得物流企业之间、物流企业与制造企业之间无法进行合作。因此，双方各企业信息标准化工作的滞后也严重影响了双方的联动发展。

（四）基于信息视角的制造业和物流业联动发展对策建议

现阶段我国制造业和物流业联动发展的信息共享只是做到了行业内部信息共享，而没有做到行业与行业的信息共享，而制造业和物流业联动的整体发展，又离不开多方多个企业的信息共享，针对上述信息资源不能有效共享的问题，双方联动发展可从如下几方面入手：

（1）在制造业和物流业联动过程中统筹建立可以由多方共同使用的信息管理平台，实现双方联动中的信息共享；

（2）扩展制造业和物流业联动信息管理平台的功能；

（3）统一制造业和物流业联动信息管理平台的标准。

第六节　大型汽车制造企业小型车物流产前配送研究

在当今社会，各行各业的竞争都非常激烈，汽车制造企业也不例外，而且如今汽车制造企业面临的环境更加复杂，不仅考验企业的生产能力和销售能力，更重要的是企业的核心技术。本节将研究大型汽车制造企业中的小型车在物流产前是如何配送的以及在这个过程中出现的问题，并提出一些解决方案。

经济水平的发展和科技水平的提高给汽车行业带来了新的发展机遇，但是由于我国汽车行业和西方国家相比，起步较晚，汽车物流还处于萌芽阶段。市场需求的变化，要求企业只有降低成本才能获得更多收益，所以，做好产前汽车物流配送工作就显得非常重要。

一、大型汽车制造企业小型车物流产前配送的实际情况

根据调查的数据来看，面对日益开放的国际环境，现在排在全球前几位的汽车制造商都已经强势入驻中国，这也给中国汽车物流业带来了新的发展机遇和挑战。有专家预言，中国汽车业在未来的十年，将会蓬勃发展，在采购物流配送的全球化过程中，占据主要优势的中国必将成为其他国家的敌视对象。而促进汽车行业发展的主要因素是汽车物流，因为汽车物流不仅对生产商的资金有一定要求，还需要高端先进的科学技术，更需要实现各种汽车零件的合理配送，在这中间就要加强各种零配件的管理。打个比方，如果制造一辆汽车的时间是一个月，那么要把这辆汽车的所有零件配送完整，需要的时间可能是这个基础上的几倍。

近些年来，面对市场需求的变化，我国汽车制造企业的竞争中心也开始转移，从以前的坚持以市场为主到如今的坚持以客户为主，因为现在的一些汽车买家追求的是高品质的服务，正是这种趋势才使得汽车制造企业不得不改变发展战略，在汽车开发周期和生产周期上都缩短了，这在一方面也使市场更加不稳定。除此之外，由于汽车行业整体价格的下降，也给汽车制造商的经济效益造成了巨大冲击，所以企业的注意力开始从以前仅仅靠科学技术的投入和廉价劳动力的使用开始转移到物流配送方面。在汽车的生产、销售、服务这三个环节中，销售环节占据着重要的地位。在汽车零件的供应配送环节中，企业可以根

据制定的计划进行采购，这样就能有效控制销售环节，降低市场变动的影响。根据相关调查数据，可以看出在汽车制造企业中，企业采购的金额一般占总销售额的70%左右，而在供应物流时产生的成本则占采购成本的30%。从这组数据中我们可以看出，加强对供应物流的管理，不仅可以缩短生产的时间，还可以提高经济效益，增加整个工业链的灵活性。所以，针对这个情况，探讨我国汽车制造企业供应物流的实际情况对我国汽车行业的发展是有促进作用的。

二、国内外汽车制造企业出现的问题

全球化的环境对我国汽车制造企业来说，既是机遇也是挑战。由于汽车行业的迅速发展让很多小型企业看到了发展方向，非良性的竞争造成了市场的混乱，再加上国际油价的一再上升，促使企业大力优化内部结构，改变经营模式。就目前市场上的一些企业而言，普遍存在基础设施落后和管理模式陈旧的问题。甚至在今后很长一段时间内，都将由合资物流公司引领中国汽车物流市场，这种形势使得我国第三方汽车物流业的发展潜藏着巨大的威胁。

三、大型汽车制造业小型车物流产前配送

（一）物流产前配送的概念

配送是指在物流传递过程中的一种特殊形式，和商流与物流有着密切关系。如果从物流的角度说，配送就囊括了物流的所有功能，从一定意义上说，配送相当于物流活动的一个缩影。配送不仅负责物品的装卸和包装，还要负责物品的保管和运输，完成这些步骤才算完成货物的配送。除此之外，还有一些特殊的物品配送，需要做一些额外的加工，涉及的步骤更多。由此可见，配送和一般的物流还是有着明显的不同，配送不仅负责和一般物流一样的工作，即运送物品，还需要负责货物的分类工作，这是配送的独特之处，但是如果从货物运输的目的来看，也可以把物流和配送归于一类。

（二）物流配送的特点

物流配送中心一贯秉持统一进货、统一配送的原则，只有这样才能取得效益。统一进货可以解决货物分散的问题，进而节约库存货物流动时耗费的资金，达到降低商品压库的风险。统一配送则是减少货物的流通环节，这样就能降低货物的运费。这样设计的目的是缩短运送时间，提供更好的服务，使企业获得更高的经济效益。

（三）小型车产前配送合理化对策

1. 实现专业化配送

可以借助一些专业的设备并采取合理的操作程序实现综合配送，只有这样才能降低配送过程的复杂性，实现货物配送的合理性和科学性。

2. 实现加工配送

在货物配送过程中，在原本就有的中转处，通过合理的加工，在不改变原来中转的情况下实现配送的合理化。除此之外，加工还能够和客户之间建立一个桥梁，可以直接和客户沟通，这样就避免了配送的盲目性，减少许多不必要的问题，通过配送和加工的结合，可以在不耗费大量成本的同时实现两个优势和效益，促进配送的合理化。

3. 实现共同配送

对同一地方的货物可以一起配送，这样可以选择最短的路程，还可以有效降低配送成本，实现配送的合理化。

4. 在配送过程中不仅要送还要取，要做到这两者的结合

负责配送货物的企业由于长期和客户打交道，一般而言都和客户保持着良好的关系。所以，配送企业在配送货物的时候，可以把客户需要运输的物资用配送货物的车运回，这样既能扩大企业的业务，又能降低货物来回取送的交通成本，送取相结合，使配送企业的作用发挥得更大。

5. 实现准时配送

只有准时将货物配送到所需地，才能得到客户的信任，还可以减少库存，促进资源的合理利用。结合国外的例子，也可以看出实行准时配送是促进企业合理化配送的一个重要内容。

6. 实现即时配送

即时配送可以避免企业垄断资源，对企业的工作效率提出了更高的要求，也能从侧面反映一个企业的能力，这是促进配送合理化的一个重要方面。

在社会不断发展的同时，小型汽车的物流产前配送也必将从制造企业中分离出来，成为一个单独成熟的个体，以达到降低企业成本，实现资源合理分配的目的。只有做好现代企业的物流产前配送工作，才能实现汽车企业的发展。

第七节　供应链视角下航空制造业物流成本控制方法及策略

随着现代信息技术的发展以及经济全球化趋势的不断深入，物流已经成为国民经济的重要组成部分。但是，与美国等国家相比，我国的物流服务能力还是相对落后的。落后的物流服务能力约束着我国制造业的发展，航空制造业也不例外。因此，降低物流成本已经成为各个行业极为关注的问题之一。航空制造企业的生产方式是典型的"大而全"的模式。因为该产业技术含量高、更新快，整个供应链衔接比较长，导致从原材料到最后的总装，整个链条涉及数十个线上企业。所以为了应对航空制造供应流程长、协同难的特点，各企业需要紧密联系，做好企业的物流成本控制。

一、供应链视角下航空制造业物流成本的构成

物流成本是发生在各个活动中（运输、储存、包装、搬运装卸、流通加工等）所花费的人力、物力和财力的总和。供应链视角下的物流成本与原本的物流成本有所区别，区别在于其角度不再局限于单个企业，而是立足于供应链的范围。供应链视角下物流成本控制不再为单个企业的收益服务，而是以客户服务需求为基准，更加看重对客户的服务水平。

二、航空制造业物流成本的控制方法对比研究

目前，成本管理方法主要分为传统成本法（包括标准成本法、目标成本法）和作业成本法。传统成本法可以说是以数量为基础的成本分摊方法，产品生产期间所产生的间接费用按照一定的标准平均分配到各种产品的成本中；作业成本法指企业消耗的资源按照资源动因分配到作业，再把以作业收集的作业成本按作业动因分配到成本对象的核算方法。

物流成本是通过费用来评价物流活动的结果，如果只是简单地计算物流成本，那么再精确的物流成本计算结果也毫无意义。因此，物流成本控制不只是对物流成本进行核算，还要通过降低物流成本控制物流活动。而传统成本法（标准成本法和目标成本法）只是局限在核算物流成本的层面，不能深入地通过管理物流成本调控物流活动；作业成本法正是通过管理物流成本调控物流活动的。传统成本法的成本计算对象主要指的是产品，一般是最终产品；而作业成本法则是观测产品形成的过程以及成本形成的因果，通过多个层次计算成本，成本计算的对象包括资源、作业和最终产品。传统成本法在计算成本时一般仅计算生产制造过程；而作业成本法要关注整个产品的流程，具有全面性，可从需求预测一直延伸到客户的使用，供应链视角下物流成本的控制便是从采购到生产再到销售乃至逆向回

收等各个环节的物流成本控制。

因此，随着科技的创新发展，传统成本法已经难以适应制造业的成本管理要求，航空制造企业的期间费用所占比重较大，并且大多数企业的产品种类多样，工艺要求复杂，使用传统成本法核算不能准确、真实地反映产品成本，因此航空制造企业更适合使用作业成本法。

三、供应链视角下航空制造业物流成本的控制策略

（一）供应过程中的物流成本控制

航空制造企业在供应成本控制中既要考虑企业自身，还应立足于自身企业与其他企业组成的供应链。成品飞机需要的原材料成千上万，建立一套作业成本物流信息系统对航空企业来说至关重要，处在供应链上的企业没有建立高效统一的信息系统，光靠人工难以实现作业成本法数据的收集、整理以及传输工作，无法得知下游航空制造企业需求的变化，导致得到的供货需求信息是滞后和不准确的，根据这些不准确的信息确定库存量，企业就必须增加自身的安全库存量，因此，居高不下的库存成本就无法从根本上得到解决。在控制采购过程中的物流成本时，应当根据实际情况建立有效的全球采购系统。

现实中信息流与物流一般是非同步化的，这样会增加库存成本和运输成本。库存成本和运输成本是航空制造业物流成本的主要来源，因此在库存方面，航空制造企业需要依据高效的信息系统建立全面存货管理体系，运用 ABC 分类法对企业库存产品进行分类，重点监测 A 类货品的存货量以保证合理的存货。对于 B、C 类产品，采用定期采购的方法以保证该类产品的最低库存。在运输方面，航空制造业的物料覆盖面广，除了通用材料外，还包括大型部件及工装、特种非金属材料、机载成品和其他辅料。很多飞机零部件需要从国外运输过来，因此就需要航空企业运用严格的运输成本核算方法，选择正确的运输方式并规划合理的运输路线。供应链上的企业还可以对库存和运输集成化管理，通过建立中心仓库和统一运输，实现同步化物流。

（二）生产过程中的物流成本控制

航空制造供应链内部企业运用作业成本法，对生产流程进行全面分析，对生产业务流程再造，消除生产过程中的不增值作业以及改进生产过程中的低效作业。比如：企业生产过程中有着不少的检查、控制等管理环节，这些环节并不能为企业带来任何附加效益，却占据着大量的人力、物力，因此企业可以适当减少该环节，从而降低物流成本。另外，大部分制造企业产品制造流程为串联，而部分工序并不需要上一步工序完成才能开始，航空制造供应链中的企业生产流程也是如此。企业可以将串联流程改为并联，让部分工序同时进行，大幅度提高生产效率。还可以通过作业成本法找出适合企业的最优生产布置方案，从而降低装卸搬运成本。作业成本法就是对从企业生产的物流业务流程改造促使航空制造

企业达到控制物流成本的目的。

（三）销售过程中的物流成本控制

企业在运用作业成本法时可以准确了解到产品的生产成本，从而合理选择细分市场，制定灵活的经营策略。在此过程中，企业可以对客户进行营利性分析，为市场细分和经营战略的转变提供依据。在供应链的视角下对物流成本进行控制，配送方式的选择十分重要。企业应根据自身特点，通过建模求得适合自身企业的配送模式，企业可以选择自营配送、共同配送或者物流外包。航空制造企业中的零部件和半成品等大部分不属于机密产品，如果企业没有形成特有的物流服务或者物流服务不能为企业带来收益时，企业可以选择将配送作业外包，也可以在销售过程中多使用可重复利用的包装材料来控制物流成本。比如：目前包装航空企业所需要的铝板的材料一般用木制品，成本大概在几百元，企业可将木制包装换为铁皮包装，这样包装成本将减少。

目前，物流成本的研究与控制已经成为航空制造企业提升竞争力、提高收益的重要途径。能够准确、真实地了解企业的物流成本成为关键，传统的成本法已经不具备这个能力，作业成本法作为能将扭曲的成本降至最低的一种方法被越来越多的企业认可并使用。因此，航空制造企业要想节约物流成本，提升效益，运用作业成本法并借助信息化与高科技手段已然成为关键。

第八节　我国先进制造业全球供应链和物流体系建设

在全球化浪潮下，很多复杂的制造业（如汽车制造、电子制造等行业）在全球范围内布局，形成了一个个全球性的供应链体系。然而，随着贸易保护主义的抬头和创新技术的发展，一些先进制造业的供应链体系或将发生改变甚至颠覆。

我国要抓住新一轮发展的契机升级制造业，必然也需要打造全新的全球（跨境）制造业供应链和物流体系。近几年，跨境贸易（包括跨境电商）带来了全新的供应链和物流运作，国内称之为"跨境供应链"。与此同时，我国制造业供应链服务体系也开始借鉴其中的新技术和新模式，开始创造性地打造我国制造业的"跨境供应链和物流"。

一、我国制造业全球供应链的成长

自改革开放以来，我国制造企业积极参与世界分工，嵌入跨国公司的工序分工体系，初步接触到了全球供应链体系。在产业发展过程中，我国制造企业逐步走向产业链中高端，现在正在从"中国制造"向"中国创造"转型升级。高端制造业的发展，离不开与之配套的高端服务业。新兴的供应链管理行业在国际分工不断细化、信息管理技术日渐发展的背景下应运而生，成为我国服务贸易的重要组成部分。可以说，我国供应链和物流服务行业的升级发展，成为制造业进步的标准之一。

在供应链服务领域，以"英迈国际""香港利丰"等为代表的国际供应链管理企业，长期为各领域的大型跨国公司提供生产配套服务，并探索出了相对成熟的业务模式。我国国内的供应链管理行业起步较晚，但进入 21 世纪以来，也有一批供应链服务企业开始开展"采购和分销执行服务"等供应链服务。

二、借鉴跨境电商，发展供应链创新服务

先进设备进口一直是我国先进制造业发展的前提和基础，而与先进设备配套的零备件和相关耗材，则成为影响设备使用效率和生产成本的重要因素。

根据海关总署公布的"2019 年上半年我国外贸进出口各种数据"，按照进口商品货值排名排序，机电产品、高新技术产品和集成电路高居前三位，原油排名第四。这充分说明先进制造业供应链管理的重要性和战略价值。有业内专家表示，面对日新月异的制造产业，供应链管理能力提升成为企业提高竞争力的重要方式。复杂的先进制造业更加强调产业链条上的供应协同，使产业链上每个企业都能充分发挥各自的优势，在价值链上达到共赢的效果。

例如，在先进设备的备件管理上，传统的运作模式是：采购商需要购入一定数量的运维零备件，但是受采购成本的约束，购入备件的品规和数量往往有限。（先进的制造设备，如机床，结构一般十分复杂，零部件有时甚至达到上万种，不可能所有零部件都采购备件）但是设备一旦出现故障，如果采购的备件不包含损坏的零部件，设备还是要长时间停机，给生产造成巨大损失。另一方面，伴随着进口设备的更新换代，大量没有使用的库存备件最终只能作为财务坏账处理，造成巨大浪费。

例如：中国集成电路产业中，零配件采购对于产业的发展至关重要。集成电路制造企业投资的 70% 或以上都用在购买设备上，每条生产线有几十台设备，每台设备约有 5000种零件。对于投资动辄十几亿甚至几十亿美元的半导体晶圆和平板显示生产线，维持生产线正常运作所需的零部件必须及时抵达生产现场，才能保证半导体和平板显示生产厂的高产出与低成本运作。有业内人士透露："月产能 5 万片的晶圆生产厂，每小时的产出价值在 5 万美元左右，一次备件供应问题影响生产线的运作，损失就在数百万美元。"

针对这些复杂的制造产业，大型跨国公司往往通过建立跨区域支持型的备件集散中心来解决备件问题。这些大型跨国公司设置的区域备件集散中心充分借鉴了跨境贸易中的保税仓模式，整个集散中心置于保税仓内运营。这样能充分利用保税仓的优惠政策，在备件存储期间免去各种关税，只在产生订单时才为维修必需的备件缴税。这样极大地降低了存储备件的资金成本。而在备件的订单响应、配送等环节都充分借鉴了跨境电商快速响应的

运营模式，最大限度地满足了生产企业快速维修设备的需求。

目前，我国供应链企业也开始探索这方面的服务以支持相关制造企业的生产和发展，而我国跨境电商产业通过海外仓和保税仓进行运作的模式完全可以移植到先进制造业的供应链服务中去。目前，已有国内供应链管理企业通过建立寄售维修型保税物流中心开展工业品 B2B 跨境供应链服务，为终端客户提供供应商管理库存服务（VMI）、寄售管理库存服务（CMI）、采购执行服务（P2P 代购模式）和分销执行服务（O2C 代销模式）等，进而帮助制造企业实现备件需求的快速响应与高效满足。

在具体运营中，供应链服务企业可以为产业链后端的生产企业提供生产设备 24 小时运维保障和服务技术工程师，为 MRO 运维产品保修期内的调换，保修期外寄售、代购和代销等业务提供跨境贸易、通关、物流、融资服务，包括商务执行、物流执行、能力执行、资金结算执行、信息处理执行等服务项目。

据该领域的一位专家介绍，公共寄售维修型保税仓库在备件进口流程中可以发挥很大的作用，是一个便捷的物流服务运作平台。"每个客户（使用单位）都可以在保税仓库服务商（经营单位）的名义下开立独立的海关账册进行申请注册并享受保税仓提供的特殊服务。"

三、制造业供应链与跨境供应链协同化、一体化趋势

在过去很长一段时间内，制造业在谈论供应链的时候，往往只注重上下游，即自己的供应商和客户。随着工业 4.0、《中国制造 2025》的逐步推进，制造业供应链和物流服务也必须进入新的时代，协同、互通、生态、平台将成为行业的主要特征。要实现物流 4.0，需要全程的供应链协同。从前端的供应网络到中间的计划与生产，再到后端的分销网络，都不再是独立存在的，这些网络高效协作的同时，还在不断向两端延伸。而产业链条涉及全球先进制造业，其供应链和物流系统必然要在全球范围进行协调，高效的跨境供应链和物流运作的能力不可或缺。在这方面，可以充分利用互联网平台进行数据交换、信息共享。因为互联网平台是无国界的，在这个基础上，制造业供应链可以在全球范围进行信息的高效协同。

但是，在物流运作上，就必然要涉及跨境运作。要做到高效的物流跨境运作，首先要选好供应链和物流服务商。如果一家服务商的运营体系和网络能够覆盖业务涉及的多个国家是最好的，这样能够尽量减少对接环节，提升运作效率。在具体的物流运作中，要尽量采取最先进的物流技术和装备，由此可带来更高的运作效率。自动化物流装备的应用可以说是实现智慧供应链的重要一环。不少厂商都加大了研发力度，产品不断创新，能够满足企业越来越多的业务需求，如协作机器人、AGV 小车等。随着这些装备技术的完善、功能的创新、成本的降低，制造企业也更愿意去购入设备，特别是在家电、装配、电子、汽车、医药等行业。在先进的制造业里，制造过程自动化与物流运作自动化逐渐融合对接，

同步发展。《中国制造 2025》中就着重提到两者融合，提到要真正做到"制造业整体素质大幅提升"，供应链协同的水平也必须相应大幅度提升。

四、制造业供应链借鉴跨境供应链需要先进的信息系统

由于要服务的生产环节遍及多个国家的先进制造业，相关供应链服务内容又十分繁杂，因此供应链服务企业必须要打造一套先进的信息系统以支持跨境运作和管理能力。这套先进的信息系统应满足如下几点：

（1）进口设备售后服务的产品包括标准件、专用件、润滑油、工具等，种类繁多；

（2）相关的物流服务方式可能涉及海运、空运、陆运、快递、包裹、随身物品等多种方式；

（3）根据服务条款还分保修期内和保修期外；

（4）除了常用的一般贸易，还有保税仓货物、其他进口免费、无代价抵偿、保税间货物、修理物品、进（出）境维修、退运货物等多种海关贸易方式；

（5）很多商品涉及 3C、能效、两用物项等监管证件，其通关物流还会涉及各种不同的服务商（货代、贸易代理、保税仓库、配送等）和政府监管部门（海关、国检、外汇、国税、商务等），通关流程复杂，单证缺乏标准、无纸化程度低。

这些都需要高效的信息系统加以支持。这个信息系统必然要以跨境供应链云服务平台为基础，整合门户网站、订单执行系统、24 小时呼叫中心和移动应用 APP 等，集成为线上平台，再连接物流运作实体单位，形成高效互动的协作体系。

五、制造业跨境供应链需对接国家发展战略

先进制造企业的运作涉及多国多地，其供应链和物流体系也必须符合国际化的管理要求，向国际化的方向发展。而目前，我国的发展战略给我国制造业和相关的供应链产业都带来巨大的发展机会。构建发展产业带的过程也是我国制造业从全球供应链低端转向中高端的契机。在这个过程中，中国制造业要从代工、贴牌、加工贸易转型成拥有自主知识产权，自主品牌，自主营销渠道的高端制造业。同时，这也是我国供应链和物流服务商提升服务能力，拓展物流渠道的重大机遇。

第四章 现代物流与制造业的创新研究

第一节 制造业物流与营销整合问题及对策

在当前的企业管理中，营销是企业经营和管理中最主要的一部分。企业通过一系列营销活动，刺激市场需求，加深企业和消费者之间的联系，从而促进企业商品的快速流通。而企业在满足市场需求的同时，又需要一个强大的物流系统的支撑，从而快速抢占市场份额，增强企业自身与同行其他企业的竞争力，最终实现企业的经济效益。由此可见，物流和营销是企业经营和发展中必不可少的两个环节，同时二者之间也有一定的联系，应该整合物流与营销，促进企业供应链价值的提升。

一、物流与营销活动之间的关系

企业的物流和营销作为企业经营和发展的两个重要组成部分，各有职能和运作方式，但是从企业的全面发展来说，二者的联系又非常紧密，尤其是在全球经济一体化发展趋势下，良好的企业物流能够快速将企业生产的产品送达给消费者，同时又可以在物流运作的过程中发现消费者的需求，从而为营销活动确立正确的方向，让符合市场需求的产品流通到市场中，而有效的营销活动又能够促进商品的快速流通，促进企业供应链的循环发展。通过以上分析可以看出，沟通企业物流和营销活动的关键点在于消费者的需求，一切营销活动和物流管理都是为了满足市场需求，从而促进企业供应链各环节中各部门的协同合作。企业的经营和发展需要一条完整的供应链，在这个供应链中可以很清楚地表明物流与营销这二者之间的联系。

（一）顾客需求是物流与营销活动的连接点

在现代化企业经营和管理中，企业的所有经营和管理活动的出发点都是最大化地满足消费者的需求，从而实现企业的可持续发展。制造业在开发新产品时要考虑产品的功能是否能够满足消费者的需求，企业生产的产品应该是消费者需要的产品，能够为消费者带来某种使用价值和精神享受。企业在确定推向市场的产品之后，就需要考虑如何快速有效地将这些产品送到消费者手中，这个过程就包含营销活动和物流活动，而企业在制定营销策略的过程中又需要物流系统提供相关的数据支撑，进而对产品进行准确的定位，刺激消费者的消费欲望。为此，制造业在建立和发展供应链的过程中应重视物流和营销之间的联系，对二者进行有效整合，为产品的设计和开发提供更准确的指导信息，同时物流也应该配合市场营销活动做出相应的改进和调整。

（二）成本是物流和营销联系的动力

在企业的营销策略中，非常重要的一项就是对产品进行合理的定价，而在产品的定价中又需要考虑企业生产和销售环节中的所有成本花费，包括产品本身的设计开发、生产成本和消费者的购买成本，而消费者的购买成本又包括购买时间成本、购买货币成本以及购买风险成本。物流系统中的采购环节对产品的成本有直接的影响，物流采购有助于在产品设计中选择合适的原材料，从而提高产品设计和开发的科学性和合理性，同时企业的生产计划又需要库存管理加以协调，以减少企业生产成本及资金占用。由此可见，在企业的产品定价和成本的控制中需要将物流和营销相结合，从而促使企业形成一个有竞争力的产品定价策略。

（三）便利是营销和物流联系的基本目标

在当前现代化企业营销中，企业除了满足消费者最基本的需求外，更多的是为消费者提供好的服务。通过对消费者的需求进行分析得出结论，消费者选购产品时大多会考虑购买某种产品是否便利。在市场营销活动中，一个重要的环节就是产品的销售渠道，产品销售渠道的合理性直接影响消费者获得产品的便利性。消费者在购买产品时，希望的不仅仅是能够买到这种产品，还需要购买过程更加便利化，是否便利直接影响企业的产品能否成功占据更多的市场份额。为了让消费者更加便利地购买产品，企业需要选择合适的销售渠道。而物流系统中的订单处理、包装以及运输等又会直接影响销售渠道的顺利畅通，因此，企业应该将产品的营销活动与物流相结合，以保证消费者能够便捷地获得商品，为消费者提供更好的服务体验。

（四）沟通是物流与营销联系的重要手段

企业虽然可以根据市场需求制定不同的市场营销策略，但是并不是所有的消费者都会接受这种策略。为此，企业就需要通过沟通加强与消费者的联系，让消费者了解和认可企业的产品。企业要与消费者进行沟通，需要在营销和物流之间建立一个良好的沟通平台和信息传递系统，通过对营销活动和产品的物流管理以及服务等进行优化和整合，让消费者更好地参与到企业的营销活动中。在沟通的过程中，企业应以消费者需求和便利为出发点，为消费者提供产品销售前的服务、准确传达产品信息、做好售后服务等。

二、制造业物流与营销整合分析

（一）影响制造业物流与营销整合的因素

影响制造业物流与营销整合的因素有：供应链运作环境、物流系统结构设计、营销模式以及业务流程等。当前的制造业供应链不仅面临着复杂的外部环境，同时还面临着日益变化和发展的市场环境，制造业供应链缺乏一定的市场灵活性和敏捷性，进而影响物流和营销的有效整合。物流系统结构设计是否科学合理对营销活动的开展顺利与否也有一定的影响，还会限制营销功能的发挥是否有效。营销模式不同，对应的企业的物流系统也会不同，营销模式的变化也会阻碍物流与营销的有效整合。物流和营销作为企业业务流程中重要的两个环节，企业业务流程优化和改进的程度也会直接影响物流和营销整合的程度。

（二）制造业物流与营销整合的路径

制造业物流和营销整合的关键是优化企业的供应链流程以及最大化地提高消费者的满意度，从而提高物流与营销整合的效率和质量，进而获得良好的整合效果。基于供应链的物流与营销整合路径的步骤如下：

（1）分析企业所处的环境，利用 SWOT 分析法，明确企业优势和机会以及面临的威胁和劣势；

（2）评价和分析供应链中营销和物流参与的主体，从专业水平、工作业绩以及潜在能力等方面对参与的每个成员进行综合性评价；

（3）根据前期的综合分析和评价预估供应链整合目标的可行性，对其基本的整合框架和结构进行调整和改进；

（4）调整和改进的整合渠道目标进行方案设计和检验，根据得到的反馈验证整合目标的可行性；

（5）实施已经确定的物流和营销整合系统，实施的反馈最终又可以作为系统分析和评价的指标。

（三）制造业物流与营销整合的模型

在供应链环境下，企业物流与营销整合需要建立一个共同的界面模型，这个模型可以反映出企业的客户服务水平，而客户服务水平能够直接反映出物流与营销整合的质量和水平，同时也能反映出物流系统在实现产品向消费者转移的过程中能够创造多大的空间和时间效用，分析这个指标有助于企业维持现有市场份额的稳定，同时为企业的市场细分提供数据支撑。目前，有很多制造企业通过客户服务实现的利润增长已经超过了实体产品所创造的利润，使得客户服务成为一个单独的盈利点，能够和实体产品一样，通过销售获取利润。为此，可以将物流与营销整合的模型看作一个可以输入和输出的功能系统。在这个可输入和输出的系统中，企业的内生变量和供应链环境变量是输入变量，输出变量是客户服务水平，通过输出变量和输入变量的比值就可以衡量和评价出物流和营销整合的质量和水平。

三、加强物流与营销整合的策略

（一）为终端消费者提供个性化服务

制造业要加强物流与营销的整合，提高整合的质量和水平，其根本出发点还在于满足消费者的需求。不管是物流还是营销，最终的目的都是将企业的产品送达消费者手中，因此，加强物流和营销整合的首要策略就是为终端消费者提供个性化服务。为此，企业需要采取一系列措施分析终端消费者的需求特征以及主要构成部分，并对终端消费者群体进行细分，然后根据细分的终端消费者的特征，开发和设计个性化的产品和服务。为了提高终端消费者的满意度，可以邀请一些终端消费者参与到产品的设计和研发中，从而了解终端消费者的真实需求，进而优化和改进产品。

（二）树立新的企业供应链价值理念

在企业的供应链管理中，其目标是最大化满足消费者的需求，价值理念是最大化提升消费者的价值，把满足客户的需求和实现企业经济效益相结合。为此，企业应该结合消费者的实际需求，在整个供应链中根据效益最大化的原则对参与人员进行合理分工，加强各成员之间的沟通协作，从而满足消费者个性化的需求，提高企业产品的价值，实现经济效益的增长。通过将物流和营销有效整合，可以减少一些不必要的商品流通和资源的浪费，同时挖掘市场上潜在的消费者和潜在需求，有利于企业更合理地扩大投资，生产出价值更高的产品和服务。

（三）加强物流服务与营销服务的联系

在现代化的企业发展中，很多企业的竞争力体现在服务上，为此企业在加强物流和营销整合的过程中注意将二者的服务整合起来。在企业的竞争中，提高物流服务水平可以有效提高企业的竞争力。基于营销服务提升需求，企业提升物流服务水平可以应用一些现代化的信息技术，比如条形码、数控、GPS以及物联网等技术，提高企业经营效率，降低企业成本。当前，物流已经逐渐成为企业增加产品价值、获取消费者信赖的重要手段，不仅在时间和空间上为消费者带来了效用，而且还有效提升了企业的品牌形象，为企业创造出更多的价值。

（四）加强物流与营销整合的信息化建设

企业物流中商品的物流管理本身是一种信息管理。为此，企业应该加强物流与营销整合的信息化建设，以此增强产品配送环节的敏捷性，实现企业产品零库存管理。在物流信息化建设中，从产品的开发、采购原材料、选择供应商到制订生产计划、控制生产和制造、融资再到产品仓储、包装、运输等环节，供应链得到了同步运行。由此可见，信息化建设在物流和营销整合中有着重要作用，不仅可以保证生产线能够及时获得原材料，而且生产出来的产品也能够及时运输到销售地，从而促进营销效果达成。

物流和营销是企业管理的重要组成部分，营销关系着企业生产的产品能否被消费者所认识和认可，物流关系着消费者能否便利地购买到自己需要的商品。

第二节　制造业供应链物流精益化管理理论

在我国，随着物流供应链的发展不断深入，可以将物流供应链看作一个整体，对此要强调各个企业之间的一体化及企业之间的关联性。所以，供应链的管理环境对制造业物流的精益化是通过以下几方面完成的：采用较为先进的供应链管理理念及技术，将现代物流技术作为发展基础，用来满足不同消费者的需求。通过把原材料的采购、储存、生产、运输以及销售等各个环节纳入一体化的管理中，体现一体化的优势，对降低物流成本有一定的帮助作用。对现代的物流供应链进行精益化管理并不是一味地降低成本而获得最佳的服务，如果是这样可能会误导制造业。对于精益化物流管理应该是尽可能地降低成本，而不是为了降低成本进行一些物流程序的删减。

一、现代制造业物流供应链的含义极其特点

常说的制造业就是把原材料通过加工转化成产品的过程，在这个过程中通过劳动分工、机械化帮助以及自动化的实现进行高效率生产。所以，制造业生产的增值最主要是在加工过程中体现的。在市场竞争加大、技术普及广泛以及产品更新换代不断加快的背景下，制造业的产品创新、企业的市场营销和服务增值的作用得到明显提高。现代制造业中知识和信息是非常重要的生产因素，因为在制造业中所说的产品已经从单一的产品逐步转变为包含生产产品在内的服务及其解决方案。所以，我国的制造业开始成为一种同时对信息、物质以及知识进行加工的产业。在制造业中，物流是非常重要的一个环节，我们理解的制造业的物流通常就是指从制造业的角度上研究与它有关的物流运输。对于制造业物流有两种定义：广义的制造业物流是指和制造业的运转有关的所有的物流活动，制造业的物流体系就是对应制造业经营的物流，在这个系统中包括生产物流、供应物流、销售物流和废弃物物流四个系统。而狭义的制造业物流仅仅是指制造业内部的物流。本节研究的制造企业物流活动是广义的定义。从 CLM 方面对物流进行定义，现在的物流变化至少有以下几点：

第一，物流主体的范围不断扩大。首先就是"生产原材料、半成品、全品"改变为"产

品、服务"。这是把生产原材料、半成品以及全品扩充为全部的产品；其次就是把"服务"划入物流的范围，进一步拓展物流的内涵以及外延，这不仅仅包括生产物流，还包括服务物流。

第二，对物流过程进行相应地延伸。由于现代物流在生产的全过程都时刻存在。这不仅仅是将物流纳入各个企业之间相互协作的管理范畴，还要求各个企业要在更加广阔的背景下对自身的物流运作进行重新考虑。在考虑的过程中，不只要考虑自身企业的客户，还需要考虑自己的供应商：就是需要对客户的客户以及供应商的上一家供应商进行考虑。也就是说不只要致力于降低物流的某个作业，更多的是考虑整个物流供应链成本。

第三，物流的内涵更加丰富。由于供应链精益化管理思想的出现，使得国外物流界对物流的了解和研究更加深入具体，在强调"物流只是供应链的一个流程之一"的同时，从"反向的物流"角度对物流的内涵与外延进行拓展。

物流供应链包含生物链的特征，但是实际上不仅仅是单一链状的结构。通常我们需要对上下游的供应链进行了解。可以将物流供应链当作从供应商到客户的关系。现代的物流供应链有以下的几个特点：首先是要面向顾客的需求。由于市场需求才是物流供应链运转的最基础动力，物流供应链的形成发展离不开市场，市场需求是供应链物流运作的基础，供应链的形成和发展离不开市场，不注重市场需求进行产品的大量生产会导致产品库存不断增加，使得成本增加，进而降低物流供应链的竞争力。其次就是物流供应链的复杂性，由于物流供应链是连接不同企业采用不同的合作方式进行构建的网络结构。并且由于各个节点的企业之间的关系非常复杂，利益的分配是一个很大的难题。然后就是物流供应链的创新性。由于物流供应链是在独立的企业中发展而来的，对于运输渠道进行优化是每个企业的努力方向，因此物流供应链有一定的创新性。最后就是物流供应链具有风险性。由于市场的需求始终处在不断的变化中，这就导致物流供应链含有一定的风险性。对于制造厂商来说，设计出产品的样式并预估需求量对原材料运输具有很重要的意义。制造企业的决策会影响供应链的物流配送，因此物流供应链有一定的风险性。

二、供应链物流精益化管理的重要作用

在我国，物流供应链不仅仅可以增加国内的就业岗位，对于各个行业之间的联系也是十分重要的，现在我国的物流供应链对制造业的作用主要体现在以下几个方面：

第一，通过对物流供应链精益化的管理可以有效改善现代物流体系，使得制造业的物流供应链精益化管理更加合理。制造业采购生产原材料物流费用的高低直接决定了企业生产成本的高低，原材料的质量、数量是物流供应链精益化管理的一个方面。对于较低物流成本的制造业来说，低廉的物流费用对企业的竞争力有很大的帮助，较为有效的物流供应链精益化管理是降低物流成本以及对产品质量的保障。

第二，通过对物流供应链精益化的研究使得供应链精益化管理下制造业的物流更加趋

于合理化，进一步改善制造业的生产物流。对制造业生产物流的改善，是制造业生产效率进一步提升，降低生产周期和成本的基础。制造业想要加快企业内部的物料流转、缩短生产周期，首先要做的就是不断降低原材料的存储以及装卸搬运的时间，也就是从内部的生产物流过程着手，推进物流供应链精益化管理，进而提升原材料的使用效率，缩短原材料周转时间。通过对制造业物流供应链精益化管理的研究，使制造业在企业内部的原材料流转速度不断加快，降低流转时间，改善制造业的生产物流体系。

第三，对制造业物流供应链精益化管理的研究将大大改善企业内部的物流体系，对企业的销售以及原材料的运输有很大的改善作用。通过对物流供应链进行精益化管理有助于企业管理好销售产品的装载、搬运以及配送等环节，并且对产品的安全、准时送达有了保障，减少间接的产品损失。这样还可以使产品的需求方能够非常及时地进行生产以及采购数量调整，减少物流成本，进而减少间接损失。据我国目前情况看，提高销售效率可以降低物流成本，能大大提升我国生产行业的整体竞争力。

第四，通过对物流供应链精益化管理可以有效提升对物流、信息以及资金的集合。在传统的制造业物流体系中，由于没有精益化管理的物流供应链，各个商家、厂商相互之间的运输以及库存方面的因素对企业的影响导致经济效益降低。例如：由于厂商以及商家之间的联系不够紧密，缺少配合，导致库存增加，从而产生不必要的资金占用，降低了企业的资金周转率，并且会由此产生一系列的不利影响。对工厂、供应商都会导致经济效益的降低，还会带来一定的隐性损失。

第五，在制造业进行物流供应链精益化管理有助于提升企业的核心竞争力。传统的制造企业往往会为了增强企业的核心竞争力，采取"一体化"的管理方式，会把生产、销售、研发以及财务等所有工作全部当作企业发展必不可少的业务，这会导致企业的管理者花费很多的时间、精力和资金对非核心工作进行管理。长久以来，企业在资源、管理经验都有限的状态下，什么都抓的结果肯定会导致企业无法主抓其核心竞争力，还会增加企业的生产成本，从而逐渐丢失市场的竞争优势。所以，"一体化"的企业管理模式完全不能适应当今时代技术更新快、投资成本高和竞争全球化的市场特点。制造业更加需要注重较高价值的生产方法，更加强调效率、专业化和创新能力。与传统的"一体化"模式相比，物流供应链精益化管理的物流具有更强的合理化管理思想，而且更加注重企业的核心竞争力，并且强调根据企业自身的特点专门对某一领域以及专门服务形成较强的竞争力。

三、我国制造业供应链的发展现状

随着我国制造业不断发展，一些先进的管理技术和思想也在不断进步。很多国内企业正在走出国门，服务世界。在这种国际化的背景下，我国传统制造业的物流供应链管理也正经受外来先进管理经验的考验，关于国内制造业物流供应链管理的文献有很多，但是大部分是一些比较落后的管理方式。随着全球化的不断深入，制造业将会引进越来越多的物流供应链管理人才，使得新型的管理经验充分应用到具体的企业管理中去。

我国当前物流供应链管理的主要问题包括以下几点：首先是物流的观念比较落后，并且缺乏现代的物流理念。因此，企业对现代物流行业提升物流的水平、推动经济的发展以及提升经济效益方面的重要作用认识不到位，制造业对现代物流管理理论的研究投入严重不足。其次是我国的商业环境比较落后，导致物流的布局不够合理、物流专业化服务程度较低，制造业自营的物流比例较大，专业的物流代理服务没有被充分利用。再次是不同的地区条块分割管理制度也是制约物流管理发展的因素。我国的制造业物流供应链信息化服务体系以及网络体系相对落后，这也是制约制造业发展的关键因素，供应链物流无法向一体化、专业化方向发展，物流供应链的制度需要进一步完善。最后是我国缺少物流专业化管理人才，虽然我国高校开始开设物流管理专业，但是目前在职的物流专业性人才还是比较稀少，这也是制约我国物流业发展的重要因素。在制造业完成物流供应链精益化管理，这将对我国企业走出国门并且提升其在国际上的核心竞争力起到不可忽视的重要作用。关于这一点，不仅仅对于制造业，对于其他行业的发展也一样重要。

四、如何构建制造业精益化物流管理

鉴于物流供应链精益化管理对于制造业的重要作用，关于制造业物流体系如何实现物流合理化转变，笔者提出以下几点建议：

（一）制造业应当选择较为合适的供应物流体系

制造业想要实现供应链物流精益化管理的目标，首先就要选择一种适合自身的物流体系，选择委托第三方进行物流管理还是自身进行销售又或者是委托社会的销售企业进行产品的销售等各种模式，都需要企业根据自身的特点进行充分分析并得出结论，要根据社会的发展情况及自身的发展状况进行选择。不能选择落后的物流模式，也不应太过超前，需要对企业的发展趋势进行判断并对现有的物流模式进行适当改善，进而使企业中可以适应未来的发展需要。

（二）需要对运输材料进行准确预测

企业在计划生产中，需要以各类物资需求为主要依据，计算出企业对物资的需求量。由于计划生产量是通过市场对这类产品的需求决定的，所以供应计划就是根据生产计划来规定产品的品种、数量、质量，根据原材料的消耗以及生产工艺等进行制造。供应计划需要完成对各种原材料、供货日期的确定，并对购入件的需求量进行预测，这样才能保证生产的正常进行，进而降低生产成本，加快资金周转率，提高企业的经济效益。所以，制订可实施的生产计划应确定合理的物资消耗量，做到储备充足保量，才是正确预测需求的最关键因素。

（三）制造业需要合理控制库存

由于制造业供应链物流中断会使企业的生产无法正常进行，所以应保留一部分资金，并且拥有一些物资储备用来保证生产可以正常进行。对于这种物资储备的要求有两点：第一，必须保证正常的生产需要，而且还要能够面对紧急情况；第二，制造企业需要合理控制库存，对库存进行动态调整并减少资金占用，同时节约成本。

（四）制造业需要健全物流精益化管理机构

物流供应链精益化管理对于各行各业的影响比较大，所以不仅是制造业需要对物流进行健全精益化管理，其他行业也需要对物流进行精益化管理。这样，在不同的企业之间进行相互的物流运输才会更加高效、快捷。健全物流精益化管理对于企业运输成本的降低，提升资金的周转时间以及对生产效率的提升有着非常重要的促进作用。

在未来的社会发展中，物流供应链精益化管理必将是物流行业发展的主要目标，实行精益化管理的物流有着很多传统物流模式无法比拟的优点。随着高校物流专业人才不断进入企业，我国将加快实现物流供应链精益化管理模式，对于制造业企业升级会是一次重大的机遇。

第三节 "互联网+"驱动物流业与制造业

21世纪，制造业的发展更加重视高科技的应用，以全球化制造、敏捷化制造、柔性制造为代表的全球一体化网络制造模式已经形成，其目的是快速响应客户需求，提高核心竞争力，作为世界制造工厂，中国要想通过制造业提升制造水平，获取更多利润，必须改变制造模式。开展制造业与物流业联动可以促进制造业转型升级、支持制造业先进的制造模式，同时为物流业降本增效提供了一定的方法。而"互联网+"的提出是为了适应中国经济新常态，谋求新发展，为中国经济发展提供了新的推动力。互联网对传统产业的渐进性改造和颠覆性改造为传统产业的发展和新产业的产生提供了新的机遇，未来智能城市、智能工厂、智能运营等的出现会使中国更加智能化、互联化。"互联网+"与《中国制造2025》的深度融合可以驱动物流业和制造业深层次联动，是实现《中国制造2025》的必经之路。

一、"互联网+"的实施背景和内涵

信息通信技术的进步，互联网、智能手机、智能芯片等的应用表明新一代的信息技术正风起云涌，移动互联网、大数据、云计算和物联网等新一代信息技术不断发展，不断应用于各个产业。互联网对传统产业的渗透，对新兴产业的推动，促进了新的生活方式和生产方式的产生；跨界、众筹、众包、协同设计、个性定制等新的思维模式产生；基于电子商务、互联网金融、社交网络等互联网经济体形成的产业价值链体系产生。

在新的生活方式、生产方式、思维方式等的推动下，我国政府在 2015 年的政府工作报告中提出了"互联网＋"行动计划。所谓"互联网＋"，是指以互联网为主的新一代信息技术（包括移动互联网、云计算、物联网、大数据等）在经济、社会生活各部门的扩散、应用与深度融合的过程。"互联网＋"为上下游协作产业之间以最低成本交换信息流、货物流、资金流等提供了可能。同时，"互联网＋"不仅以促进我国传统产业转型升级和提质增效、通过融合发展培育新业态和新的增长点为重点，还与国际经济发展接轨，如：美国的《先进制造业伙伴计划》及《网络空间国际战略》、英国的《信息经济战略 2013》等一系列行动计划和战略的提出与实施也是与互联网有关的规划。截至"十二五"末，战略性新兴产业增加值占我国国内生产总值的 8% 左右，在"互联网＋"的带动下，2016 年上半年，战略性新兴产业 27 个行业规模以上企业主营收入达 8.6 万亿元，说明"互联网＋"会为我国的产业结构和经济发展带来新的活力。

二、物流业和制造业联动的现状及存在的问题

随着时代的发展，以信息技术为代表的技术进步逐步弱化了传统制造业与生产性服务业之间的界限，两者呈现出逐渐融合的发展趋势。物流业是生产性服务业中极其重要的一部分，尤其是在产业链上与制造业相互支持互补的关系，使物流业与制造业的深层次联动成为必然的发展趋势。近年来，国内外学者对双方联动的研究也表明两业联动是产业转型和结构升级的必然选择。

三、"互联网＋"驱动物流业与制造业联动价值创造的机理

物流业与制造业联动层次不深入，存在多种问题，国家和学者也越来越重视发展两业联动。

（一）物流服务能力

物流业和制造业联动是基于制造业的物流需求产生的，制造业将物流需求外包从而与物流企业产生了联系。物流服务能力高低直接影响制造业物流需求外包的水平，物流服务能力低就无法满足制造业的需求，从而导致制造业物流服务外包水平低，降低了双方联动的水平。尤其进入"互联网＋"时代，制造业的个性定制化生产模式的确立导致其对物流服务要求更高。

物流服务需求和供给因具有碎片化和非计划性的特点难以实现匹配，互联网可实现物流服务需求和供给的匹配和优化组合，满足客户多元化需求，因而"互联网＋"为物流服务供应商提供个性化服务创造了条件、获得更多利润创造了空间。通过"互联网＋"驱动的先进管理理念和信息技术，能够创新物流服务模式、提升物流服务提供商的物流服务水平。"互联网＋"驱动的物流服务创新可以满足制造业高水平的物流需求，为两业联动信息沟通不畅、物流服务水平较低等问题提供了解决途径。

（二）制造企业因素

制造企业的因素主要是指制造企业对物流服务需求的认识，即制造企业的物流战略规划。前文也提到过物流业和制造业联动水平不高的原因之一是制造业对物流外包的认识不足。制造业制定物流战略的出发点是降低总成本、提高服务水平和核心竞争力，从这一点考虑，制造企业基本有两种选择，一是制造企业自营物流；二是制造企业比较注重核心产品，具备现代供应链管理思想，这种企业比较倾向于物流外包，从而产生双方联动的关系。

互联网时代的跨界协作成为商业新常态，并且互联网时代的红利就是由连接和协同产生的，因此"互联网＋"会引导制造企业外包其物流需求，推动制造企业与物流企业联动。制造业和与其联动的物流企业处于同一个供应链的网络中，从供应链层面分析可以反映制造业选择与物流业联动的价值创造点。基于"互联网＋"技术和思维在供应链层面的应用，目前绝大部分学者都指出"互联网＋"整合了供应链上的资源，包括信息和基础设施等各方面资源，实现商流、物流、信息流和资金流的高效整合，同时通过信息的获取与共享，提高物流运作效率与服务，方便供应链上的企业协同发展，优化供应链战略和网络，从而降低总成本。

（三）物流业与制造业之间的关系

基于关系的确立基础、发展过程将双方联动中形成的关系因素分为四个维度：信任、参与、共同目标和长期关系。

"互联网＋"思维和技术的应用使跨行业的信息共享平台得以建立，打破了行业壁垒，使物流业和制造业不再自成一体，平台方便了信息资源、知识资源、资金资源、设计和创意资源等的共享，使物流企业和制造企业成为利益共同体，更易于达成共同的目标，建立更深层次的信任。目前，物流业还没有对服务建立一个统一标准，应用互联网技术支持的精益物流评估标准，可以提高运作流程的标准化，缩小运作管理的差异化，方便在物流企业上游的制造业企业评估物流服务的效率和水平，增强物流业与制造企业之间的相互了解和依赖程度，建立更深层次的信任和长期的合作关系，促进制造业在各个流通环节和更多增值服务方面与物流业更深层次的联动。

（四）外部环境

外部环境是政治、社会、经济和技术环境四大方面的总称，本节中的外部环境因素主要包括国家宏观政策和技术因素。国家政策会引导产业的发展方向，对不同产业的支持力度不同也会导致产业的发展水平不同。

近年来，我国政府一直努力为物流业和制造业联动营造良好的外部环境，继《中国制造 2025》提出促进制造业服务化和生产性服务业发展以后，我国发改委又提出"互联网＋流通"和"互联网＋高效物流"等指导意见，意见指出鼓励物流企业要依托互联网向供应链上下游发展，推进物流与制造协同发展。作为国家的发展方向，"互联网＋"对物流业和制造业联动势必会产生积极影响，提高物流服务水平，满足制造业更柔性化的生产方式，引导物流业和制造业联动向智能化、互联网化发展。

"互联网＋"在技术创新方面对两业联动的影响是最广泛的。互联网技术对两业联动的驱动通过生产技术设备、物流基础设施等实体技术设备的更新和软件系统的创新建立一个由新技术支撑的智慧化的供应链体系，制造企业和物流企业不仅建立自身内部的信息化系统，同时利用信息化系统和创新的供应链体系对整个供应链流程上流通的信息流、商流、物流和资金流等多要素进行高效集成、筛选、分析、管理、生成和传递。学者的研究证明各个行业的企业只自己掌握原始数据是不足以产生价值的，只有跨部门的信息数据共享才能创造价值，而"互联网＋"技术就是从这方面为物流业和制造业联动创造价值的。

总的来说，"互联网＋"为物流业和制造业联动营造良好的发展环境，提高物流服务水平，满足制造业更柔性化的生产方式，引导物流业和制造业联动向智能化、互联网化发展；技术方面，"互联网＋"创新驱动的信息化系统和创新的供应链体系会对整个供应链上流通的信息流、商流、物流和资金流等多要素进行高效地集成、筛选、分析、管理、生成和传递，实现共享的价值创造，为物流业和制造业联动带来新机遇。

第四节　制造业内部物流所处的困境及优化管理

长期以来，我国大多数制造型企业重产品生产、轻物流管理，对内部物流环节综合优化的重要性认识不足，没有充分发挥物流管理在资源调节中的指挥棒作用，导致企业内部物流存在着诸如对市场需求变化反应慢、订单交付不及时、物料到达不准时、车间物料调动混乱、零部件配套性差、库存及生产成本过高、生产效率低下和物料浪费严重等现象。据中国物流与采购联合会 2012 年统计数据分析，在产品整个生产过程中，物料用于加工与检验环节的时间仅占 5%，而其余 95% 的时间则处于储存、装卸、输送和等待加工状态。尤其需要指出的是，制造成本的 20%—40% 直接与物流环节的流通时间相关。因此，重构企业内部物流管理部门，优化企业内部物流管理流程，建立自己的物流管理体系，合理选择高效率的第三方物流公司，将订单、生产、包装、储存、运输、装卸、搬运、配送和信息处理等环节有机结合起来，实现全程高效的计划、执行和管控，是企业内部物流发展的必然趋势，也是降低企业物流成本和提高运营效益最直接有效的手段。因此，高效物流已经成为当前企业"最重要的竞争"之一，被称为企业的"第三利润源泉""企业脚下的金矿"。

一、企业内部物流内涵

企业内部物流（俗称厂内物流），是指支持企业生产活动所需要的原材料、在制品、半成品、外协件、产成品、燃料和辅助材料在仓库与车间、车间与车间、工序与工序之间各个环节的流转、移动和储存（含停滞和等待）以及与之相关的计划、组织、实施、控制等管理活动。它贯穿物料从进厂到成品出厂的整个生产和经营活动过程，包括从来料验收入库、物料储存、物料申领、装卸搬运、配送、加工、装配、包装、成品入库、成品出厂以及伴随生产消费过程所产生的废弃物回收及再利用，形成了一个内部物料流动线路。通过改善内部物流管理水平、压缩库存、减少物流成本与资金占用率、提高生产效率与流通效率、消除搬运浪费和充分利用空间等手段，实现企业综合管理水平的提升，从而帮助企业实现效益最大化。

从企业角度来看，内部物流管理的核心是管理供应链中物料的流动状态和停留时间。控制存货的数量、形态和分布，加快存货周转期，使物流、信息流和资金流畅通并形成一个完整的闭环反馈系统，做到物料供给精准化与生产需求同步化。

二、当前制造企业内部物流存在的问题

由于管理理念的局限性，大多数制造型企业内部物流系统都存在问题，主要体现在以下几个方面：

（一）认识不充分，物流整体管控水平低下

1. 对企业内部物流的作用认识不充分、不到位

具体表现在：①我国大多数制造业高层决策者还没有把物流管理提升到战略高度，导致工作重心偏重为生产提供仓储、配送等服务工作，即由过去的生产单位到仓库领取物料，转变为仓库直接送料到生产工作站或工序的某一点。②大部分企业不重视生产计划与物料控制的准确性，致使物流系统不能合理制订物流计划。频繁增加临时配送需求，难以经济合理地安排配送车辆与作业人员，导致车辆、人力等资源经常出现大量闲置或供给不足等非正常现象。有时企业为了达到扩大销售的目的，甚至不惜以增加物流成本为代价。③过多临时变更计划、缺乏计划性，导致物流系统中采购部为应付频繁变更，超常规采购物料，

造成库存增加，进一步使库存的物资与生产进度不配套，如此进入恶性循环，最终导致企业内部流动资金因库存物资存量过大而减少，甚至直接影响企业的正常运营活动。另外，由于物流计划的编制缺乏专业人员，整体物流专业化程度偏低。同时，由于现代企业过分强调"零库存"管理以及对物流系统重要性的理解不深刻，致使一些企业不重视自身物料需求计划的合理性。

2. 企业物流活动中浪费现象普遍

物料计划不合理会产生多余库存、多余搬运，还有停工待料、送货过早等待上线、残次品出现等问题，对产品不仅起不到增值作用，甚至还会增加企业的生产经营成本。另外，对瓶颈与非瓶颈工序不加以区分，其结果只能是生产出数量上不配套的零部件或产品，增加在制品库存量。

3. 对内部物流缺乏整体管理

物流部门尚未从企业整体物流效率提升的角度对物流运作进行规划与管理，物流管理条块分割，计划、采购、仓储、生产等物流活动仍分散在不同部门，各自负责一部分物流职能，缺乏有效的协同机制。而决策层、管理层、作业层之间存在"横向脱节、纵向管理控制不力"，对外部变化或异常情况的响应能力不强等问题，根本原因是企业物流系统内部各要素缺乏整体优化。一个环节的物流管理欠缺，会带来相应的连锁反应，不合理的内部物流管理必然带来浪费的累积。

4. 物流成本的主次责任不清，财务核算标准欠缺

由于现行会计制度不完善，内部物流成本无法很好地反映到经营报表中，更造成企业内部物流成本居高不下。比如：内部物流成本核算中缺少统一的核算标准，且物流成本界限模糊，无法分部门进行核算，造成物资、人员、设备设施、空间、时间效率等方面浪费严重。物流成本责任主体不清，财务预算监控性差、约束力弱，导致采购成本、库存成本偏高，最终表现为企业内部物流成本偏高。

（二）物流布局不合理

1. 缺乏系统设计思想

生产的特殊性和设施布局的不合理，使仓库物料配送与各生产单位距离不匹配，造成企业物流流量大、流向复杂。

2. 物流储运布局不合理

①物流布局、流程不清晰造成了物流混乱，物料经常处于交叉、迂回、倒流、跳跃、等待和拥挤状态。②最初的生产流程设计不合理造成物料流动路径长、物料停滞时间长、工作效率低，导致生产周期长。由于仓储区设计不合理，没有规划相应的通道和区域，在仓储的卸货区，有的甚至形成了暂存区、堆料区。③在卸货区内，堆积的物料停留时间过

长，客观上是对卸货区空间的占用，进而影响后续卸货操作，致使其无法正常工作。④在暂存区，物料的摆放不规范、杂乱无章、标识不清晰，有的甚至连最基本的物流通道都未留出，结果在物料入库时，物料员要花费大量时间寻找和移动物品，很难实现先入先出，严重影响物料进出的效率。

（三）企业内部物流管理信息化程度低

1.企业内部物流信息化应用程度较低，缺乏有效的信息管理系统

目前很多企业信息化程度较低，虽然有些公司使用了企业资源计划系统、仓库管理系统、制造执行系统等信息管理软件，但往往只是简单地统计、汇总，没有将内部物流各环节的单据实现自动流转。表单、凭证、账册、卡片和文件还要靠各环节的人工输入与核对，这不但影响了企业运营效率，还因人为失误影响数据的准确性，使企业蒙受损失。

2.成熟的物流技术难以及时推广应用

受财力、物力、人力、信息等条件限制，先进的电子数据交换系统、射频识别技术和条码技术等数字化物流管理方法得不到充分应用，管理信息系统的重要作用得不到充分发挥。企业对自己的物流服务也无法进行及时监控，物流追踪亦不完善，无法实现与供应商和下游客户的信息共享，更无法实现与社会物流兼容对接，使企业物流与社会物流在信息衔接上脱节。

3.物流部门信息管理不完善

物流信息的管理较分散、集约化程度低，不利于对采购的交期信息、供货质量信息、供货人信息、供应商的生产波动、物资消耗及供应规律、库存中各种物资的历史分布等物流基础数据的归纳、整理、分析，使得库存管理者不能及时根据市场变化及生产波动等情况进行库存量管控，导致库存增加或库存不足。

（四）运输配送体系不完备

1.物流标准执行难

国家虽早已制定了一系列物流标准，但目前尚未得到严格遵守与执行。究其原因是实施规范物流标准化的手段和措施尚未成熟，如设备落后、包装容器不标准、辅助料架通用性差、库房利用率低且未能实现立体仓储等。另外，企业中普遍缺乏统一、规范的物流操作标准。由于物流器具标准不匹配，使得各种物流设备之间的作业缺乏有效衔接，最终导致物品在运输、装卸、仓储环节中难以实现一体化、全过程的快速有序流动。对企业内部物流这项非连续性的工作，如果没有规范的操作要求和过程研究，会造成物流过程靠经验管控、随意性强，使企业在物流过程管控方面存在明显的短板。

2.社会物流资源利用不充分

当前，企业物流所需的基础设施主要依靠自身投资，对社会上的第三方运输、仓储等资源的利用较少。这使得企业不能充分共享第三方物流的专业化优势，也在一定程度上增加了企业的资金占用量和仓库的空置成本，影响物流效益。

（五）物流专业人才不足

高层管理人员缺乏对内部物流的重视度，中层管理人员缺乏基础物流理论和实践操作经验。企业没有及时引进和培养专业的物流人才，这些都是制约企业内部物流系统建设的重要因素。

物流业从业人员缺乏内部物流管理经验，知识结构单一。企业物流领域缺少既懂企业管理、物流管理和物流财务管理，又懂货物专业知识、信息技术的复合型人才。而人才的缺乏，影响到企业内部各部门之间的协同程度，大大降低了运转效率。

（六）缺乏合理的物流管理绩效测评机制

目前，多数制造企业物流管理在绩效方面存在目标不清晰、难以量化、实际可操作性差等问题。具体来说：首先，采集信息过程缺乏足够的、准确的数据来源，信息获取的途径缺失，有可能造成数据失真。其次，目前制造企业内部评价体系的可操作性差，造成物流企业管理绩效评价缺乏科学性，评价的精准度很难得到保证，考核标准有待规范等。而系统合理的绩效考评指标体系的缺乏使得全程监控物流管理实施过程很难进行。

三、提升企业内部物流管控能力的策略

通过上述对企业内部物流存在问题的剖析，结合企业实际情况，笔者提出一体化的企业内部物流管理模式，主要内容如下：

（一）强化管理意识，构建管控体系

1.普及物流观念，树立全局物流观

企业需要对内部物流管理的重要性有足够的认识，并系统了解和学习物流知识，尤其是企业中、高层管理者物流管理意识的提升尤为重要。在"微利"时代，企业要主动转变观念，由"企业物流"向"物流企业"转变，将物流管理提升到企业战略高度，实现物流管理的系统化、信息化、一体化，使企业上下形成"向物流要效益"的氛围。

2.学习借鉴世界先进的物流管理理念

如借鉴日本丰田公司提出的准时化生产以及美国麻省理工学院总结的精益生产方式，依据"四适原则"，即将生产所需的原材料适质、适时、适量地送到合适的地点，并尽量减少中间环节，以便企业对在制品、半成品、成品等物料实现定制管理。学习采用看板管

理方法，推动"零库存"的储存方式，对拉动系统和先进先出的管理思想做深入研究并应用到实践，从而减少生产线两侧物料的堆放，加速物流的流转。值得注意的是，企业采用准时化生产的生产方式时，必须实现生产的流程化与平稳化及来料质量的可控化，以实现物流高效率。

3. 重构物流系统

通过成立专门的物流管理机构，在高度集成的信息系统支撑下，整合产前、产中、产后的物流管理职能，对企业内部供应链物流实施一体化管理。在精益物流系统中，企业管理者根据"不间断、不倒流、不迂回、不等待、不出废品和不混杂"的"六不"原则制定创造价值流的行动方案。建立基于整体物流模式的计划控制系统，从采购、生产、销售到财务，实施整体化计划管控，打破横向分散、条块分割、互为壁垒、重叠建设、内耗严重的现状，实现专业化、规范化的作业流程，实现资源最佳投入产出比。构建大物流体系与一体化协同物流运作模式，以业务流程为主线将仓储物流划分为"收、发、退、拨、调、盘、废、借"八大环节，实行专业分工，确保实现仓储作业的信息流与物流对接，逐步实现"快速、准确、高效"的物流目标，更好地服务于企业的柔性化生产。

4. 编制物料配送计划、细化生产计划、规范作业程序

对内部物流系统制定针对不同物资的申请计划、仓储计划、到料计划。首先是企业各管理部门只需对物流系统的储备资金总额进行控制并加以考核，让最了解物资使用情况的物流人员控制物资的采购计划和仓储计划，减少不必要的库存，做到按需采购、按需存储、按需发料。让附近的供应商按指令要求分批次送货，可部分直接送至生产线的工站，减少中间的库存量；其次做到配送"按作业单货同行"，建立小件物料 1 ~ 2 小时节拍定时配送方案，大件物料按现场工位定量配送体系。现场物料异常信息及时反馈，执行不合格品、空器具和作业垃圾定时清退的生产现场管理制度。遵循物料和生产人员相对移动距离最近、装卸搬运次数最少、单一直线流动、进出最方便和生产最顺利的原则。对多分厂使用、多品种、小批量的物资，要利用配装手段，充分考虑车辆的载重量和容积，提高车辆满载率、安全性和运送效率，做到轻重搭配、装卸先后有序、方便沿途卸货，将回库物资带回的方式提高物流车辆的利用率。

（二）优化整体布局，加快规范化建设

1. 改善企业整体布局与优化流程

对于企业物流系统，其规划设计的核心内容是产品、制造、运输的流程图，包括合理化的工厂、车间内部的设计与平面布置、设备的布局，通过改变和调整平面布置来优化物流。对企业内部物流流程的整改与优化离不开对企业整体布局的考虑，特别是对企业作业场所进行科学、合理的调整与优化。从平面布局角度看，要考虑车间在制品的流向，原则上要以物流总行程最短为条件来布局车间。在车间链上，要使最先的输入点和最终的输出

点接近仓储位置。

2. 合理配置物流的设施与设备，设计合理的作业场所

结合物流的实际需要，企业要加大对物流设施设备的投资与开发，并投入与物流配送相适应的先进设备，如自动分拣装置、装卸机械、运输工具、移动式货架等，提高配送的机械化、自动化程度，更好地满足企业生产的物资需求。根据作业量的分布、物流量、生产类型、物料性质、设备成本，合理配置各种设施、设备及人员，使不同设备、设施之间在品种上配套、在吨位上衔接，使设备与人员之间达到配置平衡，以提高设备利用率和人工生产率，减少现场的物料堆放和设备闲置。在满足生产工艺流程需要、适应厂外运输要求、节约用地与空间发展的基础上加强企业管理。规范供应商到货车辆管理，提高卸货频次，严禁供货车辆在厂内滞留或乱停。建立专用物流通道，制作现场指引标识，保证厂区内各物流通道作业顺畅，改善厂区内物流环境，提高物流运作效率。通过对仓储现场、分装现场、配送通道、车间作业现场的"整理、整顿、清扫、清洁、素养、安全、节约"等现场管理活动，消除干扰生产作业现场的各种不利因素，通过改善生产环境和产品质量来提高服务水平。

3. 加快物流标准化、专业化与自动化水平建设

企业内部应根据自身的生产特点，从供应链的全局来认识、定性定量地分析企业内部的物料流向，借助物流技术对物流设施从最基本的物流容器单元化、集装化、标准化、通用化到物流机械化和自动化，逐步进行改造，从物料的采购、运输、储存、发料直至在生产线的流动等环节上做到统一的标准化规划，建立各个环节互容的标准体系，使物流活动高效顺畅。产品包装应尽可能做到接口统一，减少拆包、装盘、等待等反复无效的动作或时间。物流器具标准的配套与包装、托盘和装卸搬运的标准化，不仅能有效减少物流过程中的损耗，更能极大提高物流的周转效率。

（三）完善信息化平台，实现信息共享

1. 加大物流信息系统的应用，完善物流管理信息系统

现代化信息管理系统既可以保证信息流的迅速、准确，还可以有效抑制冗余信息传递，减少作业环节，消除操作延迟，实现物流系统"快、准、灵"的特性。物流信息系统可提高物流运作效率，增强企业对市场的应变能力，实现供应链中各节点的良好匹配。及时、准确的物流信息是企业制订合理生产计划的前提，内部物流管理平台的制定要从采购到生产领域的标准流程及运行规范出发，让设计数据有源头、采购数据有依据、收货管理有计划、库存管理有标识、出库成本有归集、财务核算有凭证，从而大大改善流程处理效率，提升企业物流管理水平。

充分利用现有发达的物联网技术、互联网技术、云计算技术，提高信息系统在企业内部的应用水平。建立集中式信息共享平台，让各相关部门可以瞬时了解物料的数量和位置，

从而分析出生产进度，并安排好原材料采购和成品发货。同时，企业要在完善生产调度管理系统、仓储管理系统、仓储监控系统、运输管理系统、在途信息系统、采购营销信息共享平台的基础上，加大对相关物流信息的采集和整合力度，不断提高物流信息应用和服务水平。

2. 构建以信息技术为核心的现代物流体系

企业内部物流运输的发展表明，以信息技术为代表的高新技术对提高企业物流效率、降低物流成本具有重要作用。现代生产物流管理的基础和依据是大量的物流信息，将这些数据录入计算机并经过计算机系统的统筹分析，实现对生产过程、物流管理、生产计划、调度和质量等的监督和控制，通过减少生产和供应过程中的浪费，缩短物流时间。现代化企业内部物流的发展趋势是信息化、自动化、智能化和集成化，这就要求企业必须建立起以信息技术为核心，以运输、配送、装卸、搬运、自动化仓储、智能库存控制和包装等专业技术为支撑的企业内部物流体系，实现企业内部物流的系统化管理，降低企业物流成本。

（四）发挥"第三方"作用，实现优势互补

1. 降低企业物流活动的自我服务比重

由于客户不断压缩交货周期，加之企业内部物流管理的不足，为有效控制物流成本，企业可把部分物流环节外包给专业性较强的物流公司，把原材料的采购委托给信誉较好的中间商。一方面可以按照物流专业化、现代化的要求对企业自身的物流系统进行改造，提升企业自身物流服务水平以满足现代化产销的需要；另一方面重视社会物流发展状况，结合企业的自身能力及物流需求，逐步引入和依靠第三方物流服务商所提供的专业化、现代化的物流服务平台，提升企业物流服务水平。其实，厂内物流业务完全可以外包，其主要工作是从物料进厂开始到原材料被送到生产线，以及从生产线下来的产成品到出厂前的所有物流活动。

2. 整合企业内外部的物流资源

在企业内部物流的具体操作中，受季节或其他因素影响，企业对物流的需求和内部物流的供给会出现物流资源紧缺或闲置的情况。这时需要借助外部资源实现自身利益最大化，当出现物流供应紧缺时，可以暂时借助第三方物流满足企业内部物流的"缺口"；当企业内部物流出现闲置时，可以暂时作为第三方物流避免企业内部物流资源的浪费。目前，在优化供应配置、降低资金占用方面，准时化生产采购、供应商管理库存和共同预测、计划与补给是较为科学、理想的采购模式，有助于减少中间的储存与配送环节，提高原材料和零配件直送工位的比重，进而实现生产精益化。另外，外租仓收货过程中，应严格按照计划的需求量收货，防止不必要的货物进入仓库或生产车间。

（五）加快物流人才建设，加强专业人员培训

1. 重视人才引进和培养，组建物流管理队伍

要改变现有物流队伍的人才结构，应引进具有专业化物流管理知识、具备丰富物流管理经验的高级人才。只有不断引进和培养高层次的物流管理人才，建设创新、务实、专业的职业化物流团队，形成完善的高、中、低多层级物流人才梯队，才能成就企业物流管理的可持续发展，为企业进行物流管理创新提供人力保障。在引进人才的同时要注重人性化管理，既能引得来，更要留得住，使其尽心尽力，有用武之地。此外，物流人才梯队的培养和扩充途径，可以有条件、有目标、有选择、有针对性地与职业院校物流专业进行联合培养，也可尝试将企业内部物流系统管理技术的研究和分析工作嵌入培训课程教学中。

2. 加强现有物流专业人员培训

从企业的物流管理层到操作人员，要分层次地进行系统化培训。针对不同的工作岗位，不同的工作性质，制定不同的培训目标和内容。企业内部专业物流人员的培训应以物流管理技术的研究和分析工作为主，侧重于供应链的战略规划和管理的培训。非物流专业人员培训，可利用案例和数据，用事实向广大员工宣传内部物流降本增效的功能与作用，改变人们对传统物流系统的认识，促进物流系统的工作重心由服务向开发利润源转变。

（六）建立绩效评估体系，实现内部管理突破

1. 对物流活动进行计划和调控，正确计算物流成本并评估物流部门对企业效益的贡献程度，分层分级建立物流成本管理与控制系统

运用专业的预测、计划、核算、分析和考核等经济管理方法，进行物流成本状态分析以及物流责任成本管理和效益分析等，不断完善和优化企业内部物流管理系统。企业应建立相应的物流费用核算机制，选择正确的核算方法，了解企业物流成本结构，对物流活动计划进行监控，正确反映物流成本，科学合理地降低物流成本。

2. 建立和完善物流成本的指标考核体系

应用信息技术，引入商业智能，实现物流绩效指标源数据的自动采集、统计、分析和应用，分析展现物流绩效的同时，为决策者提供数据支持。在一套完整的流程、标准的指导下，建立相应的量化奖惩考核机制，进行月度、季度和年度考核，以保障优化的方案和科学的计划得以实施，实现企业内部物流管理的突破。

优化与完善内部物流管理体系将是制造企业降低物流总成本的主攻方向，也是未来企业竞争的焦点。"微利模式"中的中国制造业若要寻求自身发展、实现经济、社会效益最大化，就必须优化内部物流管理，从物流成本上发掘第三利润空间，以寻求新的竞争着力点。

物流管理的关键在体制，而物流管理意识无疑是物流管理中的关键一环。只有保证内部物流的畅通，才能实现物流管理的内外结合，并进一步将物流管理的范围向纵深扩展，

推进精益物流管理。管控物流成本是促进物流合理化的基础，降低物流成本的短期目标重点在于控制运输成本，长期目标在于控制库存成本。要想达到加强物流管理水平的目的，首先要加强对物流管理对象的管理，包括对物料的数量、质量、时间、成本及信息的管理；企业通过对内部物流管理的提升，力求以最少的运力，走最少的路程，经最少的环节，花最少的费用，耗最少的时间，完成最大量的运输作业任务，实现成本最小化、利润最大化。其次要落实对物流管理整体结构的改进，包括流程再造和相应组织结构的优化，供应商管理的优化与改进，推进管理制度化的建设，提升管理者的素质和意识，重视物流管理中人的因素等。在此基础上，需要将设备、信息、工具、器具等资源共享并进行最佳配置。

良好的企业内部物流管理体系是确保企业物资正常供应的前提，更是企业正常生产和运营的先决条件。在沟通协调上，企业内部物流管理部门与系统内部的沟通，使采购、生产、配送等业务流程更清晰、流畅，并在合理化的基础上通过减少原材料、成品的库存，减少供应链上占有的资金，减少不必要的物流动作，提高订货的准确性、配送的高效性和信息交流的通畅性。

物流系统优化是供应链优化的基础，快速响应能力是供应链竞争的核心，快速物流是缩短供应链周期的决定因素。企业需要借助高效的物流系统来加快物流速度，而机械化、自动化、协同化、标准化与组装单元化是建立高效物流系统的重要条件。物流在整个产品制造活动的过程并非一成不变，供应链参与者在物流活动过程中的角色也是动态变化的，这种变化会直接影响物流供应链结构的变化。因此，整个物流过程是一个不断转化与重组的过程，物流活动参与者的主体与需求变化，需要生产组织者和管理层及时调整和跟进，这对企业管理提出了更高的组织能力要求。

总之，新型内部物流一体化的企业物流管理模式可以从生产物流的角度计划、组织、协调和控制企业的各项生产活动，通过生产物流进行管理和优化，实现对各项生产活动的管控，提升生产物流效率。企业要想在物流领域的竞争中占据制胜高地，就必须从多方面入手，构建好内部物流体系，优化物流组织，规范物流管理流程，并且要配合企业高层带领全员行动，才能提高物流效率、降低物流成本、增强管控能力，使有限的资源得到最优化的配置。

第五节　基于管理维度的制造业与物流业协同创新

创新是一个国家软实力提升的重要基础，也是一个国家、产业或企业变大变强的核心力量。制造业是我国经济发展的支撑点，要加快制造业的发展速度，就必须进一步提升制造业的创新能力。在科技与经济日益发达的今天，现代制造业已由主要依赖体力劳动的投入，转变为依赖智力资本的投入；现代制造业也不再是简单的车间生产过程，而是由车间延伸到采购、设计、市场、物流服务等多个环节的综合系统。其中，物流业也逐步成为支持制造业发展必不可少的重要环节。现代物流是供应链管理的一部分，是指通过采购、运输、仓储、流通、加工、分拣、配送、信息处理等功能的实现，对产品从原材料起点至消费者终点这一过程进行有效整合与管理的活动。它有效整合各种物流资源，为供应链提供完整的物流服务，为制造企业提供多功能、一体化的综合性物流服务。这些服务，作为中间投入要素越来越深入地融入现代制造业，从而使制造业与物流业进入紧密相关的阶段。因此，制造业整体创新能力的提升，有赖于制造业与物流业的有效整合与协同发展。

一、制造业与物流业协同创新的理论基础

（一）协同创新的理论内涵

1912年，熊彼特在《经济发展理论》中，创建了一种新的以创新为核心的经济发展理论，并以此奠定了现代创新理论。在他的经济发展理论中，创新的含义是指一种新的生产要素或生产组织手段。创新主要包括三方面的内容：①技术创新，具体包括新产品、新功能、新工艺等；②市场创新，具体包括采购市场与销售市场的创新；③制度创新，具体包括组织变革等。在熊彼特之后，创新理论的研究主要分为以技术创新和市场创新为研究对象的技术创新理论和以组织变革为研究对象的制度创新理论。技术创新理论研究对技术创新的运行机制、影响因素、策略等问题进行讨论。制度创新理论主要研究企业的制度变革如何对企业效益产生影响。

随着创新理论的发展，无论是技术创新理论研究，还是制度创新理论研究，都越来越重视协同创新。协同创新是指参与创新的有关要素通过互相影响、互相促进等协同关系，有效整合成一个有机系统，在这一系统中各种要素不断产生新的技术与新的功能，并不断改进自己的有效运行机制，产生新的合作方式与新的合作组织等。协同创新产生的创新成果是单个要素无法实现的。协同创新是各要素不断协作、不断成长的过程，这个过程通过建立各种运行机制，实现优化配置，达到创新效益最大化。这种运行机制为各要素提供良好的竞争与协作关系，通过运行机制，相关要素之间不断调整协作关系，从而实现要素间的协同效应。从协同创新方式的角度，可以将协同创新分为两种形式，即内部协同创新与外部协同创新。内部协同创新是指通过产业组织内在要素的互动形成创新成果。外部协同创新是指通过相关产业主体的互动形成创新成果。本节的研究范畴属于外部协同创新，研究的是制造业与物流业这两个相关产业主体的协同创新。

从系统科学来看，制造业与物流业的产业协同，是指在开放条件下，制造业子系统与物流业子系统自发相互耦合，在时间、空间、功能上有序结合的过程。制造业与物流业的协同是制造业与物流业之间的自组织，同时，由于它的开放性，时刻与外界发生着关系。制造业与物流业组成的系统具有自组织特性，只有在外界的有效作用下，即在外部的社会、经济、政治、文化、技术、管理等因素的有效作用下，系统才可能产生突变与飞跃，即实

现制造业与物流业的协同创新。

（二）制造业与物流业协同创新的必要性

1. 协同创新是制造业与物流业联动发展的要求

近几年，制造业与物流业的联动发展已成为促进我国制造业结构升级，物流业转变发展模式的关键因素。基于此，国务院早在 2009 年就把制造业与物流业联动发展工程上升为国家战略层次。制造业与物流业联动发展的实质，就是制造业与物流业共同致力于如何联合运营，解决产业发展与升级问题。这些问题本质上是制造业与物流业的协同创新问题。制造业与物流业协同创新将有效打破供应商、生产商与销售商之间的信息不对称壁垒，并通过各种知识投入对各自的资源进行整合，从而创造出一种优于单个企业，且具有协同创新意义的供应链价值。

2. 制造业的发展需要物流业配合制造业产生个性化的协同创新

个性化的协同创新，从本质上讲，是一种服务创新，是现代物流业的发展趋势。物流业以提供制造业满意的物流服务为宗旨，物流业向制造业的渗透已逐步深入。这就要求物流业提供的服务能够有效融合不同制造业的运营模式与需求。因此，物流业必须打破自身一成不变的运行模式，为不同的制造企业设计与提供个性化的服务与运营方案。

3. 协同创新有利于制造业与物流业双赢

制造业与物流业通过采用新的联合运营模式、新的技术、新的组织方式等协同创新成果，一方面可以降低制造业的运营成本，提升制造业的运营效率。另一方面，可以提高物流业的服务能力与服务质量，并降低物流业的运营成本，从而实现制造业与物流业经营绩效的双赢。从本质上讲，物流业开展的物流活动是制造业产业链的扩展与辅助。这种扩展和辅助，是整个制造业产业链的一个重要环节，是保证与提高产业链整体效益的重要因素。因此，制造业与物流业必定是一个要求双赢的利益共同体。

二、制造业与物流业协同创新的维度分析

制造业与物流业协同创新是指通过两者的共同协作而带来的制造与物流等新知识上的创新。在不断协同中，制造业得到了其所需要的物流服务，实现了自身市场价值，物流业在取得运营绩效的同时提升了自身的服务能力。因此，不论是制造业市场价值的实现，还是物流业运营绩效的取得，都是制造业与物流业通过持续传递彼此的信息与知识，而不断产生知识创新的协同过程取得的结果。

这种制造业与物流业的协同内容可以归纳为两个维度的协同，第一个维度是包含战略（如物流战略）、组织（如第四方物流）、市场营销等层面的管理维度；另一个维度是包含设备（如仓储与运输设备），工艺（如流通加工工艺），技术（如仓储技术、运输技术、

分拣配送技术）等内容的技术维度。管理维度产生的协同效应与技术维度产生的协同效应交相呼应，共同促进制造业与物流业的协同创新。技术维度的协同对于物流业与制造业的协同创新有着很大的影响，这方面的研究成果较丰富。因此，本节将从另外一个角度，即管理维度的视角研究物流业与制造业的协同创新问题。

首先，管理维度的协同效应通过战略上的协同取得效应。战略上的协同是制造业与物流业最高层次的协同，是物流业与制造业为了各自的长远利益与未来收益，而达成的在合作方向与资源共享上的联合行为。无论是制造业还是物流业，战略上的协同都是最重要的，因为只有在战略上协同一致，双方才可以弥补各自竞争上的劣势，共享彼此的资源，实现战略伙伴双方共赢的合作目标。

其次，管理维度的协同效应主要是组织协同效应。这种效应主要通过制造业与物流业的组织经验和组织创新完成。组织经验是企业具有的员工技巧和能力。组织创新是双方员工为了适应新的环境，实现新的合作目标而彼此调整，不断学习新的知识，并创造出专属于物流业与制造业的新系统知识。

最后，管理维度协同效应的另一个表现是市场营销协同产生的效应。无论是制造业，还是物流业，最终目标都是满足市场需求。因此，双方的协同必定是以市场营销为导向的行为。制造业与物流业通过共享渠道、营销媒介等在市场上进行协同，对渠道与营销媒介进行有效整合，实现对产业链与市场营销资源整合的创新，实现提高市场占有率与联动服务能力的目标。

综上所述，战略、组织、市场营销这三个层面是基于管理维度的协同创新内容，同时这三个层面的协同共同组成管理维度上的协同创新效应。

三、基于管理维度的制造业与物流业协同创新运行机制

通过以上分析，制造业与物流业的协同创新在管理维度上主要通过战略、组织、市场营销这三个层面的协同效应实现。战略、组织、市场营销的协同需要一套科学而成熟的运行机制作为保障与支撑，运行机制是一个系统运行所处的外部环境与内部要素相互作用关系的总和。一个科学而成熟的运行机制是系统向着正确方向、既定目标发展的基本保障。概括地讲，从管理维度上，制造业与物流业协同创新的运行机制应包括决策机制、传递机制、执行机制和评估机制。

（一）决策机制

决策机制是指制造业与物流业在接受外部环境信息后，对这些信息进行整理、筛选、分析、考量，决定协同创新的决策过程。它是制造业与物流业协同创新活动的首要阶段，需要制造业与物流业双方制定协同创新方案，并对环境、需求等各方面进行研究，在此基础上对协同创新方案做出调整与改进。决策主体可以是制造业企业本身，也可以是物流业

企业本身。

（二）传递机制

传递机制是制造业与物流业协同创新的联络机制，它首先把决策机制产生的有关协同创新的决定传递到制造业与物流业组织内与组织间需要的部门；然后把各部门的反馈信息、协同创新的原始动机、创新设想等，通过一定渠道传递给各相关部门。这种信息传递的速度、广度、真实度及流畅度等是该传递机制是否科学与成熟的标志。如果说决策机制是信息的产生机制，那么传递机制解决的核心问题就是如何避免信息不对称的问题。只有这样，制造业与物流业才能最大限度地为实现协同创新打下良好的基础。

（三）执行机制

执行机制是制造业与物流业协同创新活动具体实施的过程，它是决策在执行层次上的具体操作。如果决策机制解决的是制造业与物流业协同创新中"想"的问题，那么，执行机制解决的就是制造业与物流业协同创新中"做"的问题。执行机制是制造业与物流业相关部门具体实施决策与项目的保障与支撑。

（四）评估机制

评估机制是对制造业与物流业协同创新活动实施后的评价与反馈机制。首先对制造业与物流业的协同创新活动效果进行评估，得出其成绩与不足，并找到问题所在，为下一个新的决策打好基础。评估机制对确保制造业与物流业的协同创新沿着正确的轨道发展有着十分重要的意义。

在制造业与物流业协同创新的管理维度上，决策机制属于战略层面上的内容，承担着制定与产生信息的任务，执行机制属于组织层面上的内容，承担着实施与学习的任务。评估机制属于市场营销层面的内容，承担着接受市场考察与修正的任务。而传递机制属于管理维度的整个范畴，承担着上述各个机制能否有效运转的任务。

四、基于管理维度的制造业与物流业协同创新发展模式

每个创新都存在着创意产生、创意开发、测试与检验、生产与运营四个阶段。制造业与物流业的协同创新也不例外，同样会沿着这四个阶段发展。从管理维度看，首先是物流战略的创意、组织的创意与市场营销创意的产生。物流战略的创意是制造业与物流业在联合方向、联合方式、预期价值等方面的创意。组织的创意包括联合组织的成立、联合组织的具体运营模式、联合组织学习能力的培养等方面的创意。市场营销创意包括物流服务品种、物流服务流程、顾客获取方式等方面的创意。物流战略的创意、组织的创意与市场营销创意的产生，是基于管理维度的制造业与物流业协同创新的第一个阶段。接着，把这些

创意进行项目开发，即把创意开发成可操作的具体物流项目。物流创意需要从制造企业与物流企业的实际情况出发，制定出一个从采购、运输、仓储、流通加工、分拣、配送、信息处理等各个物流环节都可实际操作的项目。该项目既能体现创意，又符合制造业与物流业的行为规范，并能实现供应链的扩展价值。这个物流项目的开发过程就是基于管理维度的制造业与物流业协同创新的第二个阶段。然后，对这些开发的物流项目进行检验与评价。通过受众人群及客户的反馈，确定哪些是可以投入运营的物流创意项目，并作必要改进，这是基于管理维度的制造业与物流业协同创新的第三个阶段。最后，将可以投入运营的物流项目投入实际运营。在这个阶段，制造企业与物流企业对物流项目要进行必要的监测，并建立有效渠道，积极收集意见，及时进行研究和处理，以便不断提高该项目的质量和服务水平。

好的协同创新发展模式必定遵循上述四个发展阶段，并使每个阶段都能很好地完成各自应该完成的任务。要使每个阶段完成任务，就必须发挥出各自阶段应该有的创新能力与效应。而这种效应，基于管理维度，就是战略、组织、市场营销这三个层面的协同而产生的系统协同创新效应。首先，制造企业与物流企业双方必须进行战略协同、组织协同、市场营销协同。其次，这三个方面也必须相互渗透、相互影响。这种制造业与物流业双方企业层面上的协同（如战略层面上的协同）与层面间的协同（如战略层面与营销层面之间的协同），将共同推进制造业与物流业的协同创新发展。无论是层面上的协同，还是层面间的协同，要使协同创新健康有序地发展，都要依赖良好的运行机制，即决策机制、传递机制、执行机制与评估机制的保障与支持。因此，归纳起来讲，一个科学与健康的基于管理维度的制造业与物流业协同创新发展模式就是以决策机制、传递机制、执行机制与评估机制为支撑，以双方企业在战略、组织、市场营销的协同为手段，以基于管理维度的制造业与物流业的协同创新的具体发展阶段为途径的协同创新发展模式。

物流业与制造业的产业特点决定了协同创新是双方实现共赢的主要手段。这种基于管理维度的协同创新包括战略、组织、市场营销三个层面，这三个层面协同产生的系统协同创新效应共同推进制造业与物流业的协同创新发展。基于管理维度的协同创新发展应遵循如下途径：首先，产生物流战略的创意、组织的创意与市场营销的创意，接着把这些创意开发成可操作的具体物流项目；然后，对这些开发的物流项目进行检验与评价，确定哪些是可以投入运营的物流创意项目，并做必要的改进；最后，将可以投入运营的物流项目投入实际运营。这种协同创新的发展过程必须依赖良好的运行机制来保障与支持。

本节最后给出了具体的基于管理维度的制造业与物流业协同创新发展模式：以决策机制、传递机制、执行机制与评估机制为基础，以双方企业在战略、组织、市场营销的协同为手段，以基于管理维度的制造业与物流业协同创新的具体发展阶段为途径的协同创新发展模式。这种相辅相成、协作共生的协同创新发展模式，为其他产业的协同创新提供了一定的借鉴。

第六节 价值链嵌入视角下的制造业与物流业互动升级

在经济新常态下，我国制造业增速下滑，面临着严峻的挑战。一方面受到国内经济发展减速、要素成本上涨和资源环境约束的影响，制造业逐渐丧失了成本优势，"制造大国"的地位岌岌可危；另一方面受到发达国家"再工业化"、全球制造中心转移和工业4.0的影响，制造业难以突破低科技的"夹心"困境。在国内外双重压力下，我国制造业亟待转型升级。

2015年，针对经济发展环境的变化和全球制造业发展格局，我国政府提出了《中国制造2025》战略，将工业化与信息化深度融合，推进传统制造向智能制造转型升级。2016年，《中国制造2025》开始实施，推动了传统制造业转型升级。

发达国家工业发展的实践证明，在工业化发展中后期，需要借助服务业，尤其是生产性服务业的力量，来推动制造业转型升级。国内外研究结果证实，生产性服务业是制造业升级的重要推手，两者具有互动升级的关系。帕克（Park）与尚（Chan）认为，制造业发展带动生产性服务业发展，生产性服务业发展又推动制造业升级，两者存在显著的正向关联关系。[①]汪德华等认为，制造企业把非核心的服务环节外包，降低服务环节的装置成本，有助于形成企业竞争力；服务环节外包有助于形成服务业的社会化、专业化和规模化，制造业与生产性服务业在供需环节上互动、融合，推动制造业升级。[②]刘明宇等认为，生产服务通过外包从制造业中分离出来，又嵌入制造业中，与制造业协同演进、相互依赖、相互促进，实现产业升级。[③]

物流业作为生产性服务业的重要组成部分，是基于制造业物流外包而派生出来的独立产业，与制造业存在着天然的、内在的产业关联性和互动性。在制造业转型升级的背景下，物流业如何更好地与制造业联动发展，推动制造业转型升级，是政府部门与理论界共同面临的问题。

我国政府一直高度重视制造业与物流业的联动发展，2009年3月，国务院颁布了《物流业调整与振兴规划》，将"制造联动发展工程"列为九大重点工程之一；2014年9月，国务院颁布了《物流业发展中长期规划（2014—2020年）》，将物流业社会化、专业化发展作为重点任务，要求物流业与制造业进一步融合发展，加快物流业转型升级。

在国家政策的支持下，制造业与物流业的联动发展成为理论研究的热点。学者们对制

---

① Park S H, Chan K S. A cross-country input-output analysis of intersectional relationships between manufacturing and service and their employment in plications[J]. World development, 1989（2）: 199-212.

② 汪德华,江静,夏杰长.生产性服务业与制造业融合对制造业升级的影响[J].首都经济贸易大学学报,2010（2）: 15-22.

③ 刘明宇,芮明杰,姚凯.生产服务价值链嵌入与制造业升级的协同演进关系研究[J].中国工业经济,2010（8）: 66-75.

造业与物流业联动发展的机理、发展模式、联动发展中存在的问题及对策等进行了深入的理论研究,并运用定量分析方法对具体国家和地区两业的联动发展进行了大量的实证研究,取得了丰硕的研究成果。但是现有文献中,鲜见将两业联动发展置于产业价值链的环境中结合产业升级问题进行研究。

本节从价值链嵌入的角度,运用嵌入性理论分析物流服务嵌入制造业价值链的机理,在此基础上,探讨基于价值链嵌入的制造业与物流业互动升级关系,为研究制造业与物流业联动发展提供一个全新的视角,为制造业与物流业转型升级提供一种新的思路。

一、价值链理论与嵌入性理论

(一)价值链理论

迈克尔·波特(Michael Porter)把企业的价值创造活动分为基本活动和支持性活动。[1]其中,基本活动是通过实现产品的功能直接创造价值,包括进料后勤、生产、发货后勤、销售、售后服务等活动;支持性活动是通过专业化管理提高基本活动的效率间接地创造价值,包括采购、研究与开发、人力资源管理和企业基础设施等活动。这些活动在企业价值创造过程中既有区别又相互联系,构成了企业价值链(Value Chain)。在经济活动中,产业链上下游企业与企业之间的各种联系构成了行业价值链。[2]价值链上的每一项价值活动都会对企业价值目标的实现产生影响。

(二)嵌入性理论

"嵌入性理论"是新经济社会学研究的一个核心理论。波兰尼(Polanyi)提出"嵌入性"(Embeddedness)的概念,并用其分析经济体系与社会体系的关系,提出了两大体系的嵌入性关系问题。[3]波兰尼的嵌入性理论对经济社会学研究产生了深远的影响。格兰诺维特(Granovetter)重新阐述了"嵌入性"的概念,研究了社会网络对经济行为的影响,认为经济行为适度嵌入在社会网络中,提出了适度社会化的嵌入性,并将其分为关系嵌入性(Relational Embeddedness)和结构嵌入性(Structural Embeddedness)两种类型。[4]关系嵌入性是企业经济行为嵌入或缠结于与他人互惠而形成的关系网络中,并受其影响和决定,更注重彼此的互动过程,各成员通过与其他成员的联结,以分享更多的信息和知识;结构嵌入性则是企业作为网络节点在社会网络中的结构位置,企业嵌入形成网络密度的程度,更注重关注企业作为网络节点在社会网络中的结构位置。格兰诺维特对嵌入性理论的完善

---

① 迈克尔·波特.竞争优势 [M].陈小锐,译.北京:华夏出版社,2007:14-17.

② 邓良."双业联动"视角下的中国物流业发展战略研究 [D].北京:首都经济贸易大学,2012:51.

③ Polanyi K. The great transformation: the political and economic origins of our time[M]. Boston, MA: Beacon Press, 1944:27.

④ Granovetter M. Economic action and social structure: the problem of embeddedness[J]. American Journal of Sociology, 1985(3):481-510.

与发展，为经济社会学研究提供了一个清晰的分析框架。

随着嵌入性理论研究的逐步深入，嵌入性理论已逐渐形成了较为完整的理论体系，越来越多地应用于社会学、经济学领域，研究的视角也逐步从社会、经济的宏观层面延伸到产业和企业的中观、微观层面。

在产业链上，物流企业与制造企业基于供需和互补性建立合作关系，两者存在着嵌入性。这种嵌入性体现在物流服务嵌入制造业的价值链网络中，物流企业与制造企业在价值链上形成互动并由此形成互相促进的关系。本节运用关系嵌入性和结构嵌入性框架，分析物流服务与制造业的价值链嵌入关系和制造业与物流业的互动升级过程。

二、物流服务嵌入制造业价值链的机理分析

物流服务作为制造业价值链上的非核心业务环节，从制造业中分离出来。随着专业化水平和运营效率的不断提高，根据制造业价值链各个环节的需求，物流服务又重新嵌入制造业价值链中，与制造业价值链动态匹配。

（一）物流服务关系性嵌入制造业价值链的基本活动

关系性嵌入主要是描述物流企业与制造企业在价值链上的相互关系。随着物流服务外包的不断扩大，物流服务已经嵌入制造业价值链的入厂、生产、出厂、销售、售后服务等基本活动中。在入厂环节，物流企业根据制造企业的使用需求，将原材料和零部件保质保量、准时送达企业；在生产环节，根据制造企业的生产需求，在企业内部进行产品和半成品的运输与配送、分拣、包装等物流活动；在出厂和销售环节，物流企业参与流通加工和产品的运输与配送；在售后服务环节，物流企业参与产品的储存和配送。

物流服务关系性嵌入制造业价值链的基础活动中，一方面，提供专业化的物流服务，实现时间效用、空间效用、形质效用三大物流效用功能，使制造业的生产经营活动更具有连续性和协调性；另一方面，物流企业在提供物流服务过程中，与制造业产业链上的企业之间形成社会网络关系，随着企业之间互动频率和互惠交换的增加，逐步建立起一种以信任机制为基础的紧密联结，社会网络关系更加稳固，信息交流更加顺畅，更容易形成战略合作伙伴关系。

（二）物流服务结构性嵌入制造业价值链的支持性活动

结构性嵌入主要是描述物流企业与制造企业在价值链上互动而形成的网络关系。物流企业是制造业价值链中联系生产和消费的纽带，与制造业价值链的其他企业建立起高密度的社会网络关系。

在制造业价值链上，制造企业与物流企业通过合作建立了社会网络关系，两者的合作是一个渐进的过程。起初制造企业与物流企业是相互独立的，物流企业只是提供单一功能

的物流服务，不参与企业的组织管理。随着物流企业与制造企业之间合作的不断深入，物流企业为制造企业提供的物流服务逐步向集成性的物流服务方向发展，物流企业参与到制造企业的管理职能中。物流企业根据制造企业的物流需求，设计一体化物流方案，进行物流管理咨询与企业人员培训、物流工作的组织与协调，提供专业化的物流设备设施、物流技术和采购服务等。物流企业通过物流人力资本、物流技术资本和物流设备设施投入，为制造企业提供更专业化的物流服务，提高物流服务的供给水平，提高制造企业的生产效率，物流服务结构性地嵌入制造业价值链的支持性活动中。在这个过程中，物流企业与制造企业以及制造业价值链上的其他企业建立了社会网络关系，并在其构建的社会网络中逐渐占有优势地位，获得更多的社会资本。由于物流企业自身物流能力的差异，所提供的物流服务不同（如功能性物流服务、增值性物流服务、个性化物流服务、集成性物流服务），嵌入的组织管理网络密度也不同。

物流服务嵌入制造业价值链中，是从微观企业之间的业务流程和组织管理开始的，逐步在行业中形成了规模，最终发展到产业链之间的嵌入和产业之间的互动与融合。

三、基于价值链嵌入的制造业与物流业互动升级

物流业的形成与发展是随着物流服务从制造业价值链中分离，不断向社会化、专业化、规模化发展，最终形成产业化的结果。物流业作为制造业物流服务的供给方，通过物流服务嵌入制造业价值链中，与制造业之间形成相互依赖、相互促进的互动关系，在互动中实现产业升级。

（一）物流服务嵌入制造业价值链，推动制造业升级

制造业升级可以概括为三个方面：第一，由劳动密集型产业向资本或技术密集型产业升级；第二，由低技术水平的传统产业向高技术水平产业升级；第三，由低附加值向高附加值演变。刘志彪认为，制造业升级体现为经济主体由价值链上低附加值的生产环节向高附加值生产性服务环节的演变过程。基于这种思路，制造业升级是制造业价值链的升级。[①]

物流服务关系性地嵌入制造业价值链的基础活动中，为价值链上的制造企业提供物流服务。由于在价值链的每个环节集聚了大量的同类企业和同类业务，物流企业通过合并同类企业的同类物流业务，获得规模经济，降低物流成本；物流服务结构性地嵌入制造业价值链的支持性活动中，物流企业通过向制造企业输入物流人力资源、物流技术、物流设备设施，提供更专业化的物流服务，提高物流服务质量。两者共同作用的结果是提高制造业效率，增加制造业价值链利润，推动制造业升级。

---

① 刘志彪.产业升级的发展效应及其动因分析 [J].南京师大学报（社会科学版），2002（2）：3-10.

（二）制造业升级促使物流服务创新，促进物流业升级

制造业升级产生了巨大的物流需求，物流外包的数量和种类大幅增加，促使物流业扩大物流服务的规模，进行物流服务模式转变。物流服务规模不断扩大，规模效应愈加明显；物流服务种类不断增加，物流服务模式必须由功能性、同一性的服务向集成性、一体化的服务转变，提高物流业集约化和柔性化水平，促进物流业升级。

随着制造业向智能制造转型升级，对物流服务也提出更高更新的要求，如建立与智能制造相匹配的物流系统。其中物流服务网络要与制造业供应链网络相匹配，物流设施设备要满足制造业生产作业的标准化和自动化要求，物流信息系统要与制造企业生产管理系统对接，等等。在制造业升级的背景下，物流企业要按照制造业智能化的要求优化现有的物流系统，进行物流服务创新，全面提升物流服务的网络化、物流环节和物流器具的标准化、物流系统的智能化，促进物流业向智能物流转型升级。

物流业的升级，带动物流服务专业化水平和服务效率的提高，高水平的物流服务嵌入制造业价值链中，又进一步支持制造业升级。因此制造业升级和物流服务外包与物流业升级和物流服务嵌入，形成了一个累积因果循环。

四、案例研究：基于价值链嵌入的汽车制造业与物流业互动升级

（一）汽车产业链及其特征

汽车产业链是以汽车制造企业为核心，关联相关配套的上中下游企业，共同完成产品研发、采购、生产、销售、服务等全生命周期的管理。它是由汽车"生产—流通—消费"全过程所涉及的上游汽车研发设计企业、原材料供应商、零部件供应商，中游汽车制造商，下游汽车销售商、汽车售后服务商等各相关环节和组织载体构成的一个网链状结构。

汽车产业链反映汽车产业中各环节先后相继的内在联系，具有以下几个特征：

1. 嵌入性

在汽车产业链中，研发设计、原材料和零部件供应、加工制造、销售服务等各个环节价值嵌入，形成了一个有机整体。产业链上下游企业与企业之间存在着各种业务关联，形成大量的信息流、物流、资金流，"三流合一"产生巨大的经济效益，汽车产业链的运行过程是价值增值的过程。

2. 模块性

随着模块化技术的引入，全球汽车产业已步入模块化设计、模块化采购和模块化生产的时代，由此带来了汽车产业链上下游之间供需关系和汽车零部件配套模式的变化，并形成了全球汽车模块化生产网络。

3. 结构性

汽车加工制造作为汽车产业链上的关键环节，构成产业链的内核，其上游的研发、供应和下游的销售、服务环节均为此核心服务。同时，产业链上各个企业之间信息交流频繁，生产实时性要求高，由此建立有机的合作机制。

（二）物流服务与汽车制造业的价值链嵌入

汽车产业链的嵌入性、模块性、结构性特征，为物流服务的嵌入提供了前提条件。物流服务作为中间性生产要素，关系性嵌入汽车制造业价值链的基本活动，形成了原材料采购物流、零部件入厂物流、整车生产物流、整车销售物流、售后服务备件物流；物流服务作为集知识、技术、管理为一体的综合性服务，结构性嵌入汽车制造业价值链的支持性活动，为汽车制造业提供专业的物流设备设施、物流人才、物流技术、物流管理方法，与汽车制造业的基础设施、组织、管理和技术进行配套、融合。

1. 物流服务关系性嵌入汽车制造业价值链的基本活动

随着汽车行业分工的精细化，大部分汽车制造企业已经将物流服务外包给第三方物流企业。物流企业根据汽车生产企业需求，提供汽车供应链一体化服务，使物流服务关系性地嵌入汽车制造业价值链的基本活动中。

在采购环节，以汽车零部件入厂物流为例，物流企业根据汽车制造企业的要求，将原材料和汽车零部件由供应商向汽车生产企业进行运输配送。调达物流是采购环节中物流服务嵌入的一种模式，它是汽车制造企业通过订单的形式通知汽车零部件供应商备货，委托第三方物流企业上门取货，第三方物流企业按照汽车制造企业的订货数量、品质、时间要求进行运输配送。在生产环节，物流企业承担物料入厂检验、卸货、集配、配送上线、场内库存管理、可回收容器的整理等生产现场物流业务，这些物流服务与整车生产流程同步进行，嵌入整车生产的各个环节中。在整车销售环节，物流企业发挥自身物流网络及其资源优势，为汽车制造企业提供整车的运输、分拨、储存等物流服务。一般情况下，物流服务网络与汽车销售网络的覆盖区域是一致的，两个网络相互嵌套。在售后服务环节，以售后服务备件物流业务为主，物流企业根据汽车制造企业售后服务网络情况，设计售后服务备件配送模式，与汽车产业价值链中的售后环节契合。

以风神物流有限公司（以下简称"风神物流"）为例。风神物流是全国制造业与物流业联动发展示范企业，专营汽车物流，其业务范围覆盖汽车供应链的各个环节，服务内容涉及采购物流、生产物流、销售物流、售后服务备件物流等汽车物流领域。在采购物流领域，风神物流率先实施调达物流，通过运输管理系统（TMS）和电子仓库信息系统（WMS），与汽车主机厂系统无缝对接。在生产物流领域，风神物流通过先进的生产管理系统进行生产物流管理，使用成套供给技术（KIT）、自动导航小车（AGV）等供给方式实现了供给自动化，为汽车生产企业提供精准的物流服务。在整车销售物流领域，风神物流提供整车装配下线后至配送到店的物流服务，在全国设有 40 多个区域分发中心（RDC），建立了覆盖全国的物流服务网络，为汽车生产企业提供整车仓储、在途运输、末端配送等基本物流服务和整车出厂前检查（PDI）、在库维护、新车整备等多项物流增值服务。在售后服务备件物流领域，风神物流根据汽车 4S 店的分布特点，采用沃尔玛（WALMART）区域配送中心模式，以配送中心为轴，辐射备件中心总库和多个汽车 4S 店，这种模式能够对用户需求快速反应，缩短了配送路程，提高了配送效率，提升了售后备件的服务质量。风神物流在为汽车制造企业提供采购物流、生产物流、销售物流、售后服务备件物流的同时，已经将物流服务关系性地嵌入汽车制造业价值链的基本活动中。

2. 物流服务结构性嵌入汽车制造业价值链的支持性活动

物流企业在与汽车企业的长期合作过程中，逐步将物流组织管理、物流技术和人才、物流设备设施嵌入汽车企业的组织与管理环节中，为汽车企业生产经营管理提供专业化服务，帮助企业提高物流管理和控制能力。物流企业根据汽车生产链进行物流系统的设计规划，提供专业的汽车及零部件运输和仓储设备，如汽车零部件自动化分拣设备、汽车零部件自动传输设备等，培养和引进汽车物流专业人员，设计、开发与汽车制造企业相匹配的物流信息管理系统，如仓储管理系统（WMS）、运输管理系统、分供方管理系统（FMS）、电子订单系统、电子商务系统等，与汽车制造企业的生产管理系统对接，将物流技术，如全球定位系统（GPS）、射频识别系统（RFID）、物流大数据、云计算等，应用到汽车制造企业的信息管理中，将物流管理方法、作业流程纳入汽车制造企业的管理制度中，为汽车制造企业提供个性化、集成性物流方案等。这些物流服务嵌入汽车制造企业组织管理网络中，提高了物流服务的供给水平。

例如：风神物流服务于国内众多汽车制造企业，作为物流供应商，在汽车制造企业建设初期就介入，进行同步物流设计，科学规划物流网络布局，形成了与汽车供应链网络匹配的物流服务体系；为汽车制造企业提供供应链一体化解决方案；研发了服务于汽车物流供应链的信息管理平台，通过供应链可视化系统（SCV）、客户互动平台（CIP）、运输管理系统、电子仓库、物流执行系统（LES）等信息系统，实现服务管理可视化和业务运营信息化；拥有一支由物流专家、工程师、技术人员组成的专业团队，为汽车制造企业提供汽车供应链物流运营与改善方案、物流中心规划、物流技术系统规划与建设、生产现场管理培训；风神物流根据汽车生产制造的特点，总结多年汽车物流管理经验，推行了独具特色的"360° 精益化管理"体系，控制物流作业的品质和效率等。风神物流从组织、管理、技术、人才等方面为汽车制造企业提供了专业化的物流服务，将物流服务结构性地嵌入汽车制造业价值链的支持性活动中，与所服务的汽车制造企业建立了战略合作伙伴关系，并在其中占据着重要的位置。

（三）基于价值链嵌入的汽车制造业与物流业互动升级

1.物流业对汽车制造业升级的促进作用

从价值链的角度看，汽车制造业升级是汽车制造业价值链升级，即汽车制造业价值链的增值。制造业中普遍存在着"90%定律"，即制造企业的各种物流时间占全部生产流程时间的90%，工业产品中采购和物流成本占全部成本的90%，销售和物流产生的利润占总利润的90%，足见物流在整个制造业价值链中的地位和作用。物流也是汽车制造业价值链中的"战略环节"，物流成本和物流服务质量是促进价值链增值的重要因素。物流服务嵌入汽车制造业价值链中，通过集聚企业运营流程中的物流业务，形成物流规模，降低物流成本，提高物流效率；通过提供专业化的物流服务，提高物流服务质量，实现资源优化配置，减少物流投入，将有限的人力和财力集中于核心业务，提高汽车制造业的核心竞争力。因此现代物流是提高企业核心竞争力的重要手段，物流服务在汽车产业的运行中成为"第三利润"，使得汽车制造业价值链增值，推动汽车产业升级。

2.汽车制造业对物流业升级的促进作用

在"工业4.0"的推动下，汽车制造业正在向智能制造转型升级。智能制造主要体现在两个方面：一是以工业机器人为代表的智能制造设备；二是以信息化、网络化等专业服务为代表的智能制造服务。物流作为汽车产业链中的关键环节，汽车智能制造要求物流系统更加柔性化、智能化。随着汽车生产的自动化和智能化，智能物流系统在汽车物流中已经开始应用。据悉，宝马集团于2015年9月启动智能物流系统项目，致力于智能物流解决方案，公司研制开发的两个智能物流机器人已在德国瓦克斯多夫（Wackersdorf）工厂的汽车装配生产线投入使用。机器人可以自动驾驶，装配传感器，承载高达500公斤的货运箱自动运送到目标地点。智能物流系统是宝马集团在生产物流数字化和自动化上的重大创新，在生产和物流上能更快、更灵活地适应不断变化的需求。国内汽车物流企业也开始进行物流机器人的研发。风神物流与机器人公司合作开展汽车物流自动化样板规划研究，以东风日产花都工厂的汽车物流为研究对象，涵盖采购物流、生产物流、整车物流、售后备件物流等供应链相关领域的自动化研究及应用。该项目将推动汽车物流的自动化和智能化。由此可见，汽车智能制造催生了智能物流，汽车产业转型升级带动了物流服务创新，促进物流业升级。

综上所述，本节基于价值链嵌入的视角，对物流服务嵌入制造业价值链的机理和制造业与物流业互动升级关系进行了探讨，得出以下几个结论：

第一，根据嵌入性理论，物流服务按照关系性和结构性两种方式嵌入制造业价值链中。物流服务关系性地嵌入制造业价值链的基本活动中，提供功能性物流服务，以保证制造业的生产经营活动具有连续性和协调性，通过关系网络形成更紧密的合作关系，降低制造业成本，提高制造业效率。物流服务结构性地嵌入制造业价值链中的支持性活动，提供集成性物流服务，参与制造企业管理活动，以自身的专业化技能，帮助制造企业提高物流专业水平。通过关系性和结构性嵌入，提高物流服务的供给水平，优化产业的资源配置，促进制造业升级。

第二，物流业作为制造业物流服务的供给方，通过物流服务嵌入制造业价值链中，与制造业之间形成相互依赖、相互促进的互动关系。高效的物流业是提升制造业效率和产品竞争力的前提与基础，制造业效率的提升释放出新的物流服务需求，有助于物流服务创新和模式转换，提高物流服务集约化和柔性化，促进物流业转型升级，因此制造业与物流业在互动中实现产业升级。

第三，汽车产业是物流业与汽车制造业高度嵌入的产业，物流服务关系性地嵌入汽车制造业价值链的采购、生产、销售、售后服务等基本活动中，结构性地嵌入汽车制造业价值链的组织、管理、技术、人才等支持性活动中。物流服务嵌入制造业价值链中，降低了物流成本，提高了物流效率，提升了汽车制造业价值链的附加值，推动汽车产业升级。汽车产业的升级促使物流服务创新，尤其是汽车智能制造催生了智能汽车物流，将物流业推向现代物流业，为我国传统制造业与物流业转型升级提供了借鉴。

第七节　基于制造业联动发展的视角

国务院陆续推出了汽车、钢铁及物流等十大产业的调整和振兴规划。作为其中唯一的生产型服务业，物流的入选使其产业重要性上升到了国家战略层次，由此引发的政策环境、需求结构、技术水平和竞争压力等因素的变动对物流产业提出了与制造业"联动发展"的要求，也将诱发并推动物流产业创新。

一、基于与制造业联动发展的物流产业创新的理论基础

产业创新是介于国家层面和企业层面之间的创新，可以从宏观和微观两个层面来理解物流产业创新。从微观上看，物流产业创新主要针对物流行业而言，各创新主体（主要是物流企业）以物流理念为指导，技术突破为关键，服务功能为核心，组织协同为纽带，政策引导为依托，实现物流业务的革新和产业化运作，完成产业革新性的进步。从宏观层面上看，物流产业创新指的是一个国家物流产业结构的转换，政府、企业、科研机构等创新主体通过物流技术创新、网络体系创新、物流服务创新和物流政策制度的组合创新，充分利用中介机构和行业组织提供的社会资源和平台，并通过与环境的融合和系统的自组织性维持系统的运行，实现物流产业组织和产业结构的突破性进步以及物流产业竞争力的大幅提高。本节研究的"物流产业创新"包含了上述两个层面的含义。

　　物流业和制造业的联动发展可以理解为物流业与制造业在社会再生产过程中互为依托、融合渗透、相互作用、共同发展。从其基本内涵看，产业关联理论和创新扩散理论是基于联动发展的物流产业创新的理论基础。

（一）产业关联理论

　　产业关联是指产业间以各种投入品和产出品为连接纽带的技术经济联系，其实质是各产业之间相互的供给与需求关系。在一般的经济活动过程中，各产业都需要其他产业为自己提供各种产出，以作为自己的要素供给；同时，又把自己的产出作为一种市场需求提供给其他产业进行消费。

　　产业之间的关联特性因各产业在产业链中的位置不同而有所差异。物流产业的产业关联主要表现为两种方式：后向关联和前向关联。所谓的后向关联关系是通过需求联系与其他产业部门发生的关联，即物流产业对那些为其供应生产要素的产业的影响。前向关联关系就是通过供给联系与其他产业部门发生的关联，即物流产业对那些使用物流产业的产品作为其生产要素的产业的影响。由于物流产业的产业链长、波及面广，其基础性作用决定了它对其他产业作用的广泛性，尤其是制造业。根据刘军的研究，中国物流产业前向关联度和后向关联度较强的前 10 名产业中，仅有金融保险业和批发零售业这两种服务型产业，其他的大部分为制造业。[①] 因此，物流产业创新必然要依托制造业，也将会带动和影响制造业，其创新结果将会在两业之间转移和反馈，从整体上提高产业层次，并促进两业的协同发展。

（二）创新扩散理论

　　伴随着产业关联理论的发展和研究方法的进步，创新理论开始了对产业间技术创新扩散问题的研究。技术创新理论的鼻祖——熊彼特在其代表作《经济发展理论》中，不仅提出了技术创新的概念，还提出了技术创新扩散的思想，他把技术创新的大面积或大规模的"模仿"视为技术创新扩散。[②] 早期的创新扩散研究主要集中于企业内部或产业内部。企业内部的创新扩散实质上就是企业为获得垄断利润，不止一次地将技术创新的成果反复应用，最终达到不断扩大这种成果在社会上产生影响的目的。产业内创新扩散则是指由于创新者的创新成果扩大了产品的市场份额，结果给同行业的企业以新的启示，他们通过模仿创新等形式，对创新成果进行采用。

　　然而创新成果往往是具有多种学科、多种技术的复合体，因此，创新扩散的采用，可以是不同产业的使用和相同资源或相同技术的企业或消费者，伴随创新扩散的完成，产业间的创新扩散效应也同时发生。物流创新涉及技术创新、组织创新及服务创新，这些创新在不断推动物流产业的同时，也将改进制造业的技术、运营流程以及服务水平等，使得物

---

①　刘军.物流业与国民经济相关产业关联研究 [D].北京：北京物资学院，2007.

②　刘露.物流产业创新系统构建研究 [D].北京：北京交通大学，2009.

流领域的创新效应溢出到制造业领域。

二、基于与制造业联动发展的物流产业创新驱动要素

目前，国内制造业正处于从传统制造业向新型制造业转变的过程中，其运营行为和合作模式的转变必然对物流产业提出新的要求，由此引发的政策环境、需求结构、技术水平和竞争压力等因素的变动也将诱发并推动物流产业的创新。

（一）需求拉动

这里所指的需求主要是制造企业生产发展的物流需求。现代制造业的特点之一是专业化分工和跨地域协作，这种分工与协作对物流服务的需求由原来的"少品种、大批量、少批次、长周期"转化为"多品种、小批量、多批次、短周期"。不仅如此，客户在希望得到"一站式"物流服务的同时，还对服务提出了快捷性、经济性、稳定性以及共享物流信息和提供物流实时状态的要求。显然，传统的、分散进行的物流活动已远不能适应现代经济发展的要求，这种不断提高的物流需求成为物流产业创新发展的根本动力。

（二）技术进步推动

现代制造业的特点之一是信息和网络技术的广泛渗透与应用。随着计算机及通信网络在全球范围内的普及，信息技术在制造业领域的应用越来越广泛，也使得信息流与物流的整合成为一种趋势。信息技术将原来孤立的各个物流环节整合在一起，为信息处理、传输和共享提供了更为便捷的手段和工具，并推动着物流系统向实时化和精益化方向创新。信息技术在不断提高物流反应速度的同时又降低了运营成本，提高了物流产业的生产率和竞争能力，成为物流创新发展的重要动力。

（三）企业竞争压力转化

现代制造业的全球化背景使得市场竞争不仅是单个企业间的竞争，更是企业所属供应链的整体竞争，现代制造企业面临的竞争压力也将转化为物流产业创新的动力。一方面，制造业为获得竞争优势，需要提高市场反应能力与执行能力，降低作业成本，这些需要进一步要求物流企业在准时和精益化运作方面进行创新。另一方面，制造企业的需求也加剧了物流企业间的竞争。为了获取更大的市场份额，物流企业需要不断采用先进技术，改变组织结构和运营流程，增加创新服务的种类。物流企业普遍性的创新投入促进物流产业技术进步或者加速新技术在产业内的扩散，进而推动产业创新。企业竞争是物流产业创新的直接动力。

三、基于与制造业联动发展的物流产业创新的概念模型

根据前文对物流产业创新的界定，现阶段，可以从网络体系、技术与标准、服务、政策四个方面构建我国物流产业创新体系。

（一）网络体系创新

现代制造业与物流业的联动发展需要政策的指导和扶持。物流产业创新单纯依靠市场需求及科学技术等因素并不能自动提供一些有利于创新的外部环境，还需要依靠政府的支持来促进产业创新。不仅如此，物流涉及面广，基础性作用大，对国民经济发展影响巨大而深远，政府介入可以显著降低交易费用，促进物流业快速发展。政府通常根据国家政治目的和经济发展计划的需要，通过组织体系、政策体系、法律体系以及行为体系等来影响物流创新。作为一种非市场力量，政府的政策规制是物流产业创新的必要动力。

现代制造业专业化分工和跨地域协作的特点使企业之间的业务关联度增强，对物流设施的网络化要求也增多。设施创新要致力于整合现有运输、仓储等物流基础设施，发展多式联运，加强集疏运体系建设，使铁路、港口码头、机场及公路实现"无缝对接"。统一规划和建设新建铁路、港口、公路和机场转运设施，合理布局物流园区，完善中转联运设施，在大中城市周边和制造业基地附近合理规划、改造和建设一批现代化配送中心。

在信息网络化创新方面，要加强物流标准化工作的协调和组织，建立物流信息采集、处理和服务的交换共享机制。加快行业和区域以及全国物流信息平台建设，构建商务、金融、税务、海关、邮政、检验检疫、交通和工商管理等政府部门的物流管理与服务公共信息平台，以此完成各系统之间的数据交换。

物流组织网络创新应以物流需求能力与可供应物流能力之间的平衡、空间与地域的优化为基础，超越现有组织界限，利用物流的自身条件建立并发展以物流业务流程为导向的动态物流联盟。敏捷性、柔性化和精益化的物流理念将促进未来物流组织的全面创新。

（二）技术与标准创新

信息技术创新有助于实现物流数字化和一体化，推动物流高端化；支持物流业务流程重组，保障物流快速反应，也使物流管理方式从传统的经验管理、手工管理向现代的以技术为支撑的管理方式转变。现阶段，物流技术创新可以从货物跟踪定位、智能交通、物流管理软件、移动物流信息服务等方面突破。

物流标准创新要从实际需要和细节着手，可以坚持"改造＋开发"双管齐下。一方面，可以对现有不适宜的标准进行改造，建设利用、协调好老标准，推进一体化运作；另一方面，还要有前瞻性地开发新标准，完善物流标准化体系，加强重大基础标准研究。加强物流标准工作的协调配合，充分发挥企业在制定物流标准中的主体作用。加快物流管理、技

术和服务标准的推广，鼓励企业和有关方面采用标准化物流计量、货物分类、物品标识、物流装备设施、工具器具、信息系统和作业流程等。

（三）服务创新

物流服务创新要在服务内容、服务流程以及服务品牌方面进行。物流服务供应商应在市场调查的基础上对物流市场进行细分，据此制定自己的服务原则并创新服务内容，除传统储存、运输、包装、流通加工等服务外，还应扩展至市场调查与预测、采购及订单处理、物流咨询、物流方案的选择与规划、库存控制与建议等。

物流产业创新还能帮助企业把其潜在物流需求转化为现实需求，并从潜在物流需求中创新物流供给。在这个过程中，物流企业要努力构建成本透明、流程透明、责任透明和利益透明的物流协作环境，对制造企业的生产工艺活动、后勤支持活动等进行分析，优化服务流程。

物流产业创新还要注重品牌意识。整个行业缺乏个性化、差异化的形象，不利于物流产业的良性发展。物流企业要有科学的品牌战略观，做好品牌创建、营销和创新，不断增大品牌价值。与此同时，要不断创新与完善服务质量，为服务品牌提供长期质量保证并实现品牌的可持续发展。

（四）政策创新

政府及相关行业协会通过政策的扶持与引导，将有助于物流产业加快产业升级，与制造业实现联动发展。政府应该积极制定相关配套产业政策，创造较为完善的政策平台，建立与完善物流产业的信用机制和诚信体系，促进产业内信任网络的形成。政府应通过鼓励科研机构以及相关服务中介进入物流产业集群，完善物流产业创新的配套服务体系建设。政府还应鼓励在物流产业内建立物流协会，促进企业间建立正式与非正式的交流网络，强化地方化知识积累与地方化学习；鼓励企业间建立长期的联盟合作关系，为协同创新创造条件。

第五章 现代物流与制造业协同发展实践探究

第一节 浙江省宁波市制造业与物流业协同发展

随着智能制造和工业 4.0 时代的到来，制造业供应链运作模式正发生着巨大变革。浙江省宁波市拥有大量的实体制造业，对于这些即将步入工业 4.0 时代的企业来说，与其相匹配的完善的智能物流体系是其迅速满足未来差异化客户需求的关键，而现有的智能物流体系虽较为发达，但是与智能制造所匹配的智能物流体系还是有一定的差距。本节通过结合国内外学术界对制造业与物流业协同发展研究形成的研究成果，着眼于当前"互联网 +"以及工业 4.0 背景，针对宁波地区现代物流服务业与智能制造的协同发展，结合宁波现有的智能物流体系，从政策和趋势方面进行展望。

工业 4.0 时代的制造企业不再是自上而下的推动式生产，而是借助于当前的互联网信息技术实现从客户需求开始，按照客户订单、客户化设计、采购、物流、生产计划到生产的全流程进行的拉动式生产。借助于庞大而完善的信息基础设施体系进行信息流与物流的高度智能化流动是工业 4.0 时代实现上述拉动式生产的重要保障。

一、物流业与制造业产业协同发展相关综述

制造业作为地区经济发展的重要组成部分，深受物流业发展的影响，在这方面，国内外学者有了很多研究成果。郑丽娟采用灰色关联度模型，基于 2002—2013 年苏州地区制造业与物流业发展中相关指标的面板数据进行实证分析[①]；盛珊珊从智能制造对供应链需求变化的角度对工业 4.0 与《中国制造 2025》环境下的智能制造及其对物流供应链的要求进行了阐述[②]；唐振龙、陈湘青等认为工业制造业到了工业 4.0 的智能制造能促使物流业

[①] 郑丽娟.灰色关联模型下制造业与物流业联动发展实证研究———基于苏州地区行业面板数据分析[J].物流工程与管理，2014（11）：8–11.

[②] 盛珊珊，邱伏生.满足智能制造要求的物流供应链建设研究[J].物流技术与应用，2015（12）：142–146.

与制造业走向融合。①

二、物流业与制造业产业协同发展的必然

随着信息技术向制造业的全面渗入，可实现对生产要素的高灵活度配置和大规模定制化的生产，从工厂布局、生产流程、企业管理模式以及生产管理方式等进行变革。工业4.0时代的智能物流服务的是工业4.0时代智能化的供应链、生产链。在工业4.0时代，客户需求高度个性化、产品创新周期继续缩短，生产节拍不断加快，这些不仅仅是智能生产系统本身的问题，更是对整个服务于智能生产供应链的物流系统提出的挑战。与此同时，业务流程、物料供应链由传统的企业内部为主的链接发展为以客户需求为中心，以上下游高效供应链为纽带，以企业之间的智能物流为支撑的虚拟制造体系。从物流与生产制造业的关系来看，在智能制造框架下，智能物流是实现从客户到智能制造工厂环境的关键，也是构建整个智能工厂的基石，具体而言包括智能采购物流、智能生产物流、智能销售物流等不同的物流作业环节。

从生产物料周转单元来看，智能物流系统需要具备既有自助管理本单元库存的能力，又有具备与该供应链上下游作业实现自动库存报告与动态更新的能力，实现单个生产流程对库存的智能化控制。在这方面，德国物流研究院早在2011年就自主研发了inBin智能周转箱技术，并且通过该周转箱技术实现了对企业整个生产、运输系统的主动控制，使得运输系统能自动将箱子送达对应目的地。

三、工业4.0时代宁波物流业与制造业发展政策梳理

在全国同类型城市中，宁波在智能物流发展方面起步很早，早在2010年，宁波市就制定发布了《第四方物流平台业务服务规范》《第四方物流平台电子商务交易规范》等12个第四方物流平台市级地方标准规范。作为全国首创的该领域标准，它充分利用网络信息技术和其他专项物流技术，综合集成各种物流信息，实现互联共享、融合创新，构建具有优化资源、中枢决策、流程协同、人性化服务的智慧物流协同平台。2012年，宁波市全面启动智慧物流标准化建设，市质监局和市发改委在充分调研的基础上，针对宁波市物流行业特色和发展方向，研究形成了《宁波市智慧物流标准体系》，围绕宁波市智慧物流建设实施方案，对智慧物流的定义及其标准化工作的功能特征、任务目标、关键措施等进行了详细阐述，为宁波市智慧物流建设提供了依据。在具体实施方面，宁波市相继开展了20多项智慧物流标准化试点，涉及平台服务、集装箱运输、危化品运输、零担货运、仓储管理等物流产业各个领域。其中，既有塑料电子商务服务国家级标准化试点项目，也

---

① 唐振龙,陈湘青,王卫洁,等.工业化演进与制造业物流发展及对佛山的启示[J].中外企业家,2015（12）：2-6.

有交通物流业 RFID 技术应用、航运交易服务、危险货物道路运输服务、集装箱双重运输服务等一批省、市级智慧物流标准化试点项目。

从现有的主要物流体系平台现状看，宁波的智能物流服务业主要集中在物流平台、第四方物流服务和具体的非企业生产物流方面，而针对以企业生产物流为核心链接供应链上下游的制造业协同发展物流产业及物流服务还较少，但这恰恰是工业 4.0 时代制造业链接消费者，实现按消费者需求完成低成本的拉动式生产的关键之一。

四、工业 4.0 时代宁波物流业与制造业发展展望

宁波物流业要更好地服务于制造业，在现有物流体系基础上还需要更进一步契合宁波产业发展需要，做好以慈溪家电、余姚塑料以及新兴材料产业为代表的产业链物流智能化升级服务。

首先，可以围绕战略性新兴产业，通过政策、资金等资源调动进行科技资源的集聚，通过以智能化供应链为核心的创新链条驱动，围绕传统优势产业链部署创新链条，以创新链为引导，增强传统优势产业的自主创新能力，推动拥有核心技术和关键技术的传统企业集聚优势资源加速发展，从而实现现有产业物流供应链上的跨越式发展，最后实现带动整个传统优势产业转型升级。

其次，物流业与制造业协同发展的基础是制造业要先具备实现制造业智能化发展的基础，占领制造业高端的恰恰又是被称作"国之重器"的高端装备制造业，因此要占领制造业制高点，必须着眼于企业智能制造所需的包括智能物流在内的资源的获得。把握智能制造发展特点和规律，整合现有的宁波智能物流和平台标准，借鉴国内外工业 4.0 标准化路线图、智能装备制造和工业互联网标准建设的工作思路和组织方式，加快智能制造标准化体系建设。

最后，通过"制造＋服务"提升整个供应链的价值链控制力。当前，从国内制造业整体发展趋势看，制造业服务化是我国制造业在国际市场上形成核心竞争力的关键，是全球价值链中的主要增值点，也是提升价值链控制力的焦点，因此宁波发展"智能制造"的高端制造业也应考虑先进制造业与现代服务业的"双轮驱动"，通过服务和发展知识密集型服务业，提升制造业的附加价值。

第二节　浙江省台州市制造业低碳物流之路探究

制造业作为国民经济的重要主体，是改革开放 40 多年来中国经济持续腾飞的重要支撑力量，产品远销世界各地，"中国制造"也成为中国代名词，一直被国人引以为傲。但

是，在经济新常态、产业新业态背景下，经济下行压力加大，人口红利逐渐消失，环境资源刚性约束趋紧，我国制造业原有优势逐渐消失，甚至成为劣势，因此急需探索出一条制造业转型升级之路，破解发展瓶颈，厚植发展优势。物流业作为制造业产业发展的基础性产业，能有效提高制造业运作效率，降低制造企业经营成本，极大提升我国制造业的综合发展实力。据商务部、国家发改委等部门统计，我国制造业物流成本占三成，降低物流成本成为制造业降低成本的重要内容。

随着我国工业的发展，环境保护和资源承载力备受关注，"低碳"逐步走进人们的视野，成为新时期热门词汇，演化出了"低碳经济""低碳社区""低碳出行""低碳文化""低碳生活"等众多概念，成为注重生态环境、提高经济效益、降低成本消耗的代称。低碳物流通过一系列具体、科学合理的举措与我国当前时代背景相契合，在制造业降低能耗，减轻成本压力、提高运作效益等方面发挥重要作用，是制造业转型升级的重要突破口。台州市作为我国传统制造业发展的典范，也是制造业转型升级的重要区域。本节基于浙江台州制造业情况，阐述低碳物流之于浙江台州制造业的重要性，剖析台州制造业物流存在的发展困境，并有针对性地提出发展困境的破解之策。

一、低碳物流之于制造业的重要性

台州物流业作为制造业的基础产业，是制造业发展强有力的支撑。2016年台州市出台了《物流业发展"十三五"规划》，指出构建"513+X+Xn"物流服务体系，形成"综合物流园区 + 专业物流中心 + 配送场站 + 社区与乡村服务站"四层次物流服务体系，全力助力制造业转型升级。

（一）台州制造业与物流业需求巨大

台州工业制造业快速发展，对物流业形成强大依赖，需要物流业提供原材料供应、生产运输、产品销售、产品回收、废弃物处理等多方面物流。物流企业的效率很大程度上决定了制造业的效率，物流企业的成本很大程度上影响了制造企业成本收益，成为制造业转型升级的重要影响因素。因此，制造业低碳物流为突破效率问题、解决成本问题以及构建制造业物流服务体系提供了思路，很大程度上契合了中央减轻企业负担的宏观政策，能够很好地为台州制造业转型升级提供必需的物流配套服务体系，提升台州制造企业综合竞争力。

（二）台州制造业与物流业相互联动

促进低碳物流业与台州制造业联动发展，是实现制造业提质增效、工业增值增收的关键途径之一。一方面，低碳物流业强调制造业与物流的空间布局要相适应。物流业要根据制造业的需求，科学规划设计自己的空间布局，使其在原材料供应、产品输出、废料处理等方面体现低碳、低成本、高效率，避免多次、反复、迂回搬运造成的人力、物力、财力、时间等的非必要消耗。通过合理布局，制造业与物流业联动，实现"1+1＞2"的合力。另一方面，低碳物流业要求自身构建物流服务体系，提升综合服务水平，形成"两业"高度融合。台州市制造业物流需求持续释放，物流服务支撑功能有序强化，"两业"互联互动提升经济核心竞争力，必然会培育出新的经济增长点，厚植制造业和物流业发展新优势。

（三）台州市制造业物流是复杂的系统工程，需要遵循经济发展规律

制造业物流本身就是一个极其复杂的系统工程，为谋求自身发展，需要遵循经济发展规律。一方面，制造业物流需要寻找市场，建立相对稳定的市场物流供需关系；制造业需要建立原材料、产品、废料输送系统，建立稳定的战略合作伙伴关系。这要求制造业和物流业构建稳定、紧密的依存关系，按照市场规律提高制造业物流服务水平、降低物流服务成本。另一方面，制造业物流要按照市场规律改进运输装备，改进服务水平，按照低碳物流的要求实现标准化、低成本运作，为制造业各环节物资运输提供及时、安全、低成本的运输保障。总之，通过物流业与制造业的通力合作，统一规划、部署、督促，顺应经济规律，才能有力保障制造业快速发展。

二、台州制造业物流存在的发展困境

"十三五"期间，台州物流业发展迅速，成为制造业发展强有力的支持。但快速的发展背后，也存在"低碳"认识不足、人力资源缺乏、政策体系不全等诸多问题，需要切实解决。

（一）缺乏"低碳"意识仍然是重要的问题

意识是行动的指向标，决定了行动的方向和主动性。目前，虽然台州市低碳意识越来越得到更多人的肯定，但仍然存在意识不强的现象，让低碳意识成为主流意识之一仍然还有很多工作要做。在低碳物流方面主要表现在：一是对低碳物流的认识不全、不深。低碳物流是一个复杂的系统工程，贯彻于物流的始终，需要各个环节密切配合，共同发力，重点是低排放、低能耗。目前，很多人只是注意到某个或者某些环节低碳，缺乏宏观认识。二是在短期经济效益和环境保护面前，众多企业选择前者，对"低碳"意识不坚定，致使企业在低碳技术开发、低碳设备添置更替上作为有限。同时，企业存在落后观念存在，革新意识不强，将政府部门低碳发展当作口号，没有切实贯彻执行；政府部门也没有形成有效的监督、奖惩细则，很多政策成为一纸空文。

（二）缺乏制造业、物流业发展健全的政策体系

欧美发达国家现代工业环保意识起源早，低碳经济发展较为成熟，物流业发展中的低

碳意识已经逐步转化为管理工具和技术，形成了生产力。这很大程度上得益于欧美等国家制定的法律法规、政策体系，诸如《美国国家环境政策法》《美国大气净化法》等，逐步引导包括物流企业在内的所有企业注重生态环境保护，发展低碳经济，实现企业成本降低和资源利用率提高。但是，我国整体经济起步较晚，"低碳"意识推广宣传、"低碳"经济发展面临众多阻碍，困难重重，政府政策法规体系不健全是重要方面。虽然目前台州市政府在大气、土壤、重工业等方面制定了许多政策，但是一方面政策法规体系不健全，存在漏洞；另一方面政策法规多数是从国家层面宏观规范，缺乏具体的操作规程和贯彻落实细化方案，落实贯彻难度大。再者，各政府部门存在条块分割、沟通不畅、协调难度大等问题，难以做到"多规合一"，造成物流园区规划不合理、物流资源浪费现象普遍存在，不利于台州制造业物流的全面发展。

（三）缺乏专业化、高水平的人力资源保障

科学技术是第一生产力，作为科技创新的主体，人力资源是企业走向成功、不断发展的关键因素。台州缺乏专业化、高水平的人力资源保障已经成为限制物流业发展的重要因素。一方面，由于物流业行业特点，特别是在基层岗位上，难以吸收专业素养高的高层次人才，存在普遍素质偏低的现象。另一方面，物流业也是科技集成产业之一，要不断改进运输、追踪等物联网技术和其他（诸如温控）技术，需要计算机、网络工程、电子商务、物联网等方面的专业人才，而这些人才的薪资待遇相对较高，物流中小企业通常难以支付或不愿支付，出现人才缺口。此外，当前台州物流人力资源管理上存在诸多问题，企业和社会缺乏培训机制，没有很好的职业员工成长规划，没有系统的培训开发机制，高校、科研院所基于职业能力需求的教学设置也存在诸多问题，进一步加剧了专业化、高水平人力资源的缺乏。

（四）缺乏高服务水平和高质量的制造业物流企业

制造业物流企业是最活跃、最重要的市场主体之一。虽然目前台州市有 A 级物流类企业 26 家，但是整体而言，台州制造业物流企业存在服务水平较低，质量不高的现象，尤其是制造业物流中小企业。表现在：一是基础设施薄弱是台州市制造业物流的软肋之一。台州市制造业物流企业装备与发达国家相比，还存在很大差距，很多货品需要人工搬运、分类、转送等。二是物流体系需整合。物流体系存在众多环节，当前台州市物流系统各个环节分散经营，通常是各自为营，缺乏统一规划和资源的有效整合。三是管理粗放。主要表现在仓储管理粗放，没有很好地分门别类，既浪费空间，又浪费人力，效率较低；选址管理粗放，考虑不周全，只考虑原材料，而没有考虑便捷、集群等因素，致使布局不合理；人员管理粗放，没有引进现代企业人力资源管理技术，存在快递人员和顾客、公司员工之间的冲突。

（五）缺乏降低制造业物流企业能耗的有效办法

制造业物流企业能耗大，对生态环境的影响深远，主要表现在：一是运输设备对生态环境的影响。台州制造业物流企业所使用的车辆、设备仍然使用汽油、柴油，效率高的同时，能耗和污染也很大。而且，台州制造业货运量巨大，物流需求旺盛，公路运输比例大，二氧化碳、一氧化硫等排放量大，环境污染大。二是制造业废弃物处理。制造业废弃物种类众多，数量巨大，管理不当、随意堆放的现象严重，回收成本高，绿色处理成本更高，很多直接排放或者堆放到自然环境中。很多废弃物，如油漆、放射性物等，污染性强，破坏力大，能够对环境造成二次污染，生态危害严重。

三、台州制造业物流发展困境破解之策

（一）扩大宣传，提高"低碳"意识

提高低碳物流意识是发展低碳物流的基础性工作，尤其要提高制造业、物流业从业人员的低碳意识。台州市政府要发挥"低碳"意识主力军的作用，通过权威媒体积极宣传，形成重要主流文化，特别要注重利用新媒体加强宣传。台州市政府在通过媒体宣传的同时，重点是制定政策加以引导，鼓励企业发展低碳经济，在用地、税收、信贷等方面形成强有力的支持。可以考虑由工信部和环保部门牵头，建立企业排放标准，建立监督机制，构建信息公布平台，对超过标准的企业及时公布，限期整改。企业自身也要注重打造低碳企业文化，从日常办公到企业主导产业运作，都要坚持低碳意识，注重将低碳意识转化成生产力。另外，电视、广播、网络媒体要有时代精神和责任意识，深入基层，面向大众宣传低碳意识。只有大众意识提高了，才能形成全社会低碳公治的大氛围，厚植低碳经济发展的土壤，形成发展优势。

（二）建立低碳物流发展的政策法规体系

政策法规体系是低碳物流发展的重要依据和强有力支撑。目前我国和各个地区低碳发展法规体系尚不健全，需要完善。一是国家法律部门要对现行低碳发展的法律法规进行梳理，发现法律法规体的薄弱环节，特别是遗漏环节，并在广泛调研、征求意见的基础上，尽快完善相关的基础法律文件。二是台州市政府机关结合法律部门的法理规定，结合地区产业发展的实际情况，制定具体方案，并指导企业贯彻落实。重点围绕低碳物流发展所需要的信贷、税收、土地、用水用电、交通资源补助等方面，对低碳物流企业进行大力扶持。三是政府部门要结合"多规合一"，明确低碳经济管理的专职部门，尤其要明确低碳经济专职监督部门。四是台州物流企业行业制度待完善，要建立物流企业统一规划布局、统一领导的协商机制，逐步将"小、散"快递资源整合起来，形成低碳快递行业标准，形成优势富集效益，推进低碳物流快速发展，成为带动经济发展新的着力点。

（三）加强物流人力资源培育，提高物流人员素质

"治安之本，唯在得人。"低碳物流的发展离不开人力资源的培育，离不开从业人员素质的提升。要提升低碳物流人力资源素质，需要多方共建。一是职业院校、应用型本科人才培育机制的完善。学校要本着遵循人的发展规律和职业能力的需求规律培养学生，将这些需求贯彻到专业设置、课程改革、教学方法革新、学习实习模式转变上来，重点围绕低碳物流发展，培育懂技术、会管理的综合性人才。在培育模式上可以进一步突破产学研相结合的培育模式，重点发展订单教育。二是企业内部引入人力资源管理。重点关注企业员工个人职业生涯规划，重点完善人力资源的开发培训，激励绩效制度。在培训中，将低碳相关的国际国内法律法规、各国企业低碳经济发展的典范、低碳经济管理、低碳经济发展技术作为培训的重要内容，逐步使低碳意识得以固化，员工逐步掌握低碳物流的技术和能力，成为低碳物流发展的主力军。三是建立人才引入机制，尤其是高层次人才的引入机制。在安家落户、薪酬待遇、职业发展、培训晋升等方面给予高层次人才特殊政策，让高层次人才引得进、留得住、工作好、出效益。要继续坚持"人才兴，则事业兴"理念，构筑台州人才高地，凝聚转型发展第一资源。

（四）大力发展低碳物流技术，加强低碳物流管理

"科学技术是第一生产力。"台州市要积极发展低碳物流技术，通过提升低碳加工、低碳包装、低碳仓储、低碳运输等积极发展物流水平，推进低碳经济发展。一是建立原材料供应商资料库。制造企业原材料供应极为重要，可以通过建立原材料供应商资料库让企业根据需要及时、有效地选择最佳原材料供应，保障供给又实现低碳。二是加强基础设施建设，谋划科学合理的物流运输网络。要继续加大公路、铁路、水运、航空运输网络体系建设，形成"无缝对接"。重点对现有物流运输路线进行整体布局，重塑物流路线，对重复、迂回路线进行再造。三是设备专业化建设要上台阶。要逐步推广物流设备专业化，使用效率高、能耗低、污染物排放量少的交通工具和其他设备，让不符合标准的车辆、设备逐步退出市场。四是基于"互联网＋"背景，建立信息网络平台。逐步改变传统物流行业经营运作模式，完善物流信息实施跟踪公布、快递分拣系统、仓储信息系统，稳步推进物流业低碳发展。另外，还需要进一步加强内部管理，通过管理效率的提高、管理制度的完善、操作规程的标准化，助力低碳物流体系建设。

第三节 黑龙江省大庆市制造业与物流业联动发展

一、大庆市制造业与物流业发展现状

（一）大庆市制造业发展现状

在经济发展新阶段，制造业成为全国各地积极发展的新的支撑产业。在寻求新的经济增长点的过程中，大庆市不断优化产业结构、加快经济转型，重点扶持以制造业为主导产业的实体经济，计划用以制造业为主的一批实体产业带动大庆市工业结构的优化升级。大庆市是全国七大油化装备生产基地之一，大庆市的钻井装备、采油装备、集气和输油装备、加工制造装备等一批石油产业在全国装备制造业领域都具有较强的技术优势和产品竞争力。目前，大庆市共有 16 个产业园区，其中装备制造业园区 5 个，从事装备制造生产的企业 1150 余家，规模以上的企业达 111 家，规模以上企业的年产量合计为整车 20 万辆、农机设备 5000 套、抽油机 5000 台、潜油电泵 2000 套、螺杆泵 2000 套以及射孔弹 280 万发。同时，大庆市依托国家振兴东北老工业基地等优惠政策，大力发挥龙头制造企业引领和平台集聚作用，先后引建了沃尔沃、福瑞邦、神雾等一批龙头企业，形成了石油化工、汽车及装备制造、新材料、现代新兴产业集群，具有较好的产业集聚氛围和市场发展潜力。

（二）大庆市物流业发展现状

近年来，大庆市政府大力发展非油经济，使物流业得到快速发展。2017 年全市公路货运量 8114 万吨，同比增长 110.5%；公路货运周转量 152.1 亿吨公里，同比增长 132.6%。全年铁路货运发送量 1028.6 万吨，同比下降 3.6%。大庆萨尔图机场完成航空货邮吞吐量 0.1 万吨，同比下降 21.9%；全年邮政业务总量 2.9 亿元，同比增长 5.4%；物流服务领域不断延伸，涉及农产品、装备制造、商贸、石油化工、医药食品等领域。但是由于大庆市物流企业起步晚，多数企业还是单一的传统物流企业，规模和服务范围较小，整体的管理水平不高、缺乏龙头企业，截至 2016 年年底，全市 A 级企业仅五家，物流园区规划布局不合理，利用率较低，传统的经营管理方式已不能满足多种类且越来越个性化的物流需求。

二、大庆市制造业与物流业联动发展存在的问题

（一）物流企业能力不能满足制造企业的需求

由于大庆市物流企业整体服务水平较低，物流企业内部资源分散、业务拓展空间有限，

对大庆市制造业快速发展和产业布局优化升级的支撑力不足，不能很好地满足大庆市制造业的物流需求。大庆市物流企业对制造企业物流需求差异化认知不足，不能根据制造企业的不同需求为其供应最优的业务流程设计，提供更加有效的个性化服务。目前，大庆市大部分第三方物流企业是从传统运输企业或仓储企业转型而来的，对第三方专业化物流理念的认识淡薄、经营管理理念落后、信息化程度低、服务意识弱等问题使制造企业难以放心地将物流业务外包给物流企业，阻碍了大庆市制造业与物流业的有效融合互动。

（二）制造业和物流业企业内部结构不合理

大庆市大部分制造企业还是自营物流，物流需求分散在企业运营的各个环节，物流职能部门没能从制造企业的生产和销售环节中独立出来，职能部门之间缺乏协调合作，采购、仓储、运输等物流环节分散于企业各个部门，企业物流系统内部各要素没有实现集成，缺乏统一管理和整体优化。运行效率低、设施设备闲置、物流资源浪费严重，增加了制造业的整体运营成本。

大庆市物流企业大都还是传统运营模式，物流企业规模普遍偏小、物流行业的整体信息化程度不高、整体运行效率和综合管理能力比较低，物流企业内部资源分散、业务拓展空间有限等这些问题都在很大程度上制约物流业的发展。单纯追逐低成本和低价格的恶性竞争严重影响大庆市物流产业的总体收益。

（三）制造企业与物流企业缺乏有效沟通

大庆市物流业与制造业缺乏有效的沟通、互助平台，信息不对称现象还十分严重，两业间相关信息和利益方面的沟通、对接不畅，影响这两个行业的融合互动。大庆市物流企业对制造企业的实际需求把握不准确，制造企业对物流企业信任度不高，导致物流的需求与供应得不到高效整合、制造业成本偏高、物流企业设施设备闲置，影响两业融合互动发展的进程。

（四）缺少两业联动发展产业政策

目前，大庆市政府出台的政策大多是单独面向物流企业或者制造企业，缺乏针对促进两业融合互动性政策。大庆市制造业与物流业这两个行业融合互动不能进一步发展的部分原因是缺少可以推动、指导这两个行业互动互助的具体可行的政策。同时在推动这两个行业融合互动发展过程中，大庆市政府的执行、扶持力度不够，如在物流外包、提供信息资源、建设信息平台、税收政策等方面，没有具体可执行的有针对性的规定和政策。

（五）联动发展中缺少综合性物流人才

大庆市由于受地理位置、气候条件、经济发展速度、物流发展环境影响，很难吸引高层次、高素质、综合性物流人才，即使本市三所高校物流管理专业的毕业生也绝大多数选择南方物流发达地区就业。此外，大庆市制造企业规模相对较小，导致物流从业人员薪酬不高，很多制造企业中的物流人员非物流专业人员，不能满足大庆市制造业与物流业融合互动发展中对人才多样化的需要，不能为大庆市这两个行业更好地融合互动发展提供人才保障。

三、制造业与物流业联动发展与实施的建议

（一）优化制造业产业结构，提高核心竞争力

融合互动发展和传统的经营运作不同，良好的供应链环境下可以加快产业融合互动的进程，使单独的行业竞争转变为供应链之间的竞争模式。因此，大庆市制造企业应该重视在供应链环境下提升产业的实力，依据供应链规划制定满足客户需求的发展战略，有效地执行供应链的规划。大庆市制造企业应该突破企业、产业、区域这三者的界线，着眼于企业的整体发展水平，建立物流系统化的理念，加大业务外包以提高企业竞争力，优化产业结构升级，通过加强与第三方物流企业的合作，在释放物流需求的同时依靠专业的第三方物流运作降低物流成本、专注主营业务、提高行业竞争力。

（二）提高物流企业一体化服务能力

大庆市第三方物流企业要想获得制造企业的信任，必须对不同制造企业提供差异化服务，通过建立系统平台加强与制造企业信息共享。根据大庆市制造企业的不同需求，利用先进的信息技术、物流技术和大数据技术，为其供应最优化的业务流程设计，提供更有效的个性化服务。大庆市物流企业也可以通过资源整合和业务拓展，提高服务质量，为制造企业提供一体化物流服务，提高在行业中的竞争力，获得大庆市制造企业对其能力的认可和信赖。

（三）构建物流业与制造业信息共享平台

联动发展是一种双向互利的发展活动，有关信息和利益方面的沟通、对接不畅会影响行业融合互动的稳定性。只有构建物流业与制造业信息共享平台，才能保证大庆市这两个行业融合互动的共赢，才能够更好地推动其发展进程。大庆市应该集中各类资源建设两业信息共享通畅的互联网平台，高效整合供应链各类资源，促进这两个行业融合互动发展、信息共享、标准对接，提高运作效率，改善大庆市物流业与制造业之间信息不对称的现状。通过在制造业与物流业之间建立公开透明的信息共享平台，将两业原本简单的合作模式向共赢的战略化合作模式转变，大庆市物流企业通过为其提供托管、转包、供应链合作等高水平的物流服务来降低制造企业的成本。

（四）加强政策引导、推动两业联动发展

大庆市产业之间的融合互动涉及众多利益主体，大庆市政府需要为两业融合互动创造良好的大环境，促进这两个行业联动发展。出台有关两业融合互动的税收优惠政策，不断加大对这两个行业融合互动的扶持力度，如在物流外包、提供信息资源、建设信息平台、税收政策等方面，制定具体可执行的、有针对性的规定和政策，降低这两个行业的运营成本。依法撤销违规的种种收费项目，提高对于征收的管理水平。积极响应、落实可以推动、指导这两个行业融合互动发展的有关政策，确保这两个行业更好地融合互动发展。

（五）加大对物流专业人才的培养力度

大庆市应尽快建立健全多层次的生产、物流和管理的专业人员培育体系，满足制造业与物流业融合互动发展中对人才多样化的需要。向大庆市制造企业和物流企业输入综合性物流人才，可以创新大庆市这两个行业融合互动发展中制造企业的管理理念、改进管理技术。同时，对于大庆市第三方物流企业服务质量和利润的提高有很重要的作用。通过多种方式开展生产和物流领域人员的培训和引进。无论是对政府相关部门的管理者还是对企业的经营者，都要推行有计划地选择其中的优秀人员送往相关学校或部门组织的技术培训班进修学习，为大庆市两业联动发展打好人才基础。此外，还应根据大庆市的发展战略规划，制定吸引联动发展人才的优惠政策，积极引进高级专业人才，为两业更好地联动发展提供人才保障。

伴随大庆市经济不断转型升级，两业融合互动发展趋势有利于进一步优化大庆市制造业与物流业产业布局，提高行业竞争力，促进地区经济快速稳定增长。

第四节　广西壮族自治区制造业与物流业联动发展

党的十九大报告提出要加快发展先进制造业，在现代供应链、共享经济等领域培育新的增长点，形成新动能，培育出若干世界级先进制造业集群。这就清楚地告诉我们，随着现代供应链的不断发展和升级，其对加快发展先进制造业的作用日益重要。因此，认真分析广西制造业与物流业联动发展现状及存在的主要问题，提出加快二者联动发展的有效对策，是广西企业界的当务之急。

一、广西制造业与物流业联动发展现状

广西是欠发达地区，制造业规模不大，绝大部分为中小企业。目前，广西制造企业的

物流以自营为主，外包、自营与外包相结合为辅。自从制造业与物流业联动发展的模式受到好评、在全国成功推广之后，广西也涌现出不少制造业与物流业联动发展的成功案例，较为典型的是柳州市桂中海迅物流有限公司与国内知名品牌制造企业的合作。

柳州市桂中海迅物流有限公司是由柳州市商贸控股有限公司和深圳市中海物流有限公司于 2002 年 9 月共同出资组建的现代第三方物流企业。该公司突出为生产性企业提供供应链全程物流配送服务，建立了工业制造企业供应链精益配送物流服务的运作模式，目前为数家国内知名生产制造企业提供生产精益物流配送服务，是广西第一家能为国内大型知名品牌机械制造企业提供"一体化"供应链全程物流解决方案和精益 JIT 配送服务的本土现代物流企业。公司的主要合作伙伴有柳工机械股份公司、上汽通用五菱股份有限公司、东风柳州汽车有限公司、上海沪穗汽车轴承公司、无锡正明内燃机配件厂、重庆海通机械制造集团、柳州卷烟分厂、广西凤糖集团、广西东糖集团等多家企业。在再造柳州五菱汽车有限公司柳州机械厂供应链改造项目中，成功整合了该厂零部件仓储、分拣和工位精益配送等物流业务，使零部件及时到库、到线效率提升 75%，仓库存货面积节约 36.67%，资金占用下降 30% 以上，且未发生一例因零部件配送缺件造成生产线停线现象，得到用户的高度好评和国内物流专家及同行的高度关注和认可，被列为广西壮族自治区和柳州市开展现代物流的重点推介模式。

此外，广西中烟工业公司与中国外运广西分公司的合作、南南铝业股份有限公司与重庆某物流企业的合作、南宁云鸥物流有限责任公司与南华糖业、东亚糖业、百事可乐、可口可乐等国内外大型企业的合作，已经进入了供应链管理意义上的合作，也切实达到了降低物流成本的目的，均是制造业与物流业联动的成功典范。从调查中我们了解到，广西制造企业选择联动合作伙伴，更多的是关注物流企业的信用程度、专业能力和服务水平，价格问题还是排在次要位置。

自营物流模式目前多为老牌国有企业采用，如南宁化工集团公司依靠自己多年来培育的运输分公司承担集团内产品的铁路、公路运输及货场仓储等物流业务，玉柴集团把物流业务统包给自己的子公司——广西玉柴物流集团有限公司，南宁糖业股份公司把物流业务统包给自己的控股子公司——南宁云鸥物流有限责任公司。这些老牌国企之所以采用自营物流模式，主要是在多年的发展中已培育出一支从事后勤运输、有一定素质的职工队伍及有相当规模的运输车队，有自己的传统运输线路和符合安全运输要求的技术水平，如果把物流外包，既不放心来接手的物流企业是否能做得更好，也不想"肥水流入外人田"，更需要充分考虑原有从事"三产"的众多职工如何安排等社会效益和经济效益问题，而且一些规模较大的企业也想把自身的物流业务做大做强，并走出去抢占物流市场份额，如"玉柴物流"在这方面就做得很好，曾多次在全国交通运输客货运企业 100 强年度评比排名中位居第二、货运企业 50 强位居第一。

也有的企业选择外包物流与自营物流相结合，如南宁五菱桂花车辆有限公司对小批量、近距离、线路熟的产品运输就选择公司车队，对大批量、远距离，尤其是出口产品则选择外包。采取这种模式的企业有相当多的数量，因为广西很多中小企业都或多或少有自己的一些运输车辆，为了方便省事，降低成本，充分发挥自有车辆的作用，对小批量、近距离的产品运输，物流业务选择部分自营是必然的。

在调查中发现，广西对第三方物流有着现实需求的企业主要还是一部分新兴的高新技术、电子商务、连锁经营企业和一些外商投资企业及少数国有大中型企业，而大部分企业仍然习惯于自己做物流，缺乏开拓创新能力。或忽视，或不愿意，或不知道如何采用现代供应链管理模式，不注重培育企业的核心竞争力。即使有不少制造企业愿意将运输业务外包给专业运输企业，将仓储业务外包给专业仓储企业，但也仅是企业之间简单的、不稳定的业务联系，而绝非现代供应链管理意义上的合作。

此外，在制造企业与物流企业的合作中还存在着拖欠款问题。一些物流企业为了承接业务，往往在业务拓展初期为制造企业垫付大量资金。在这些企业业务得到不断拓展的同时，大规模的垫付资金也加大了这些物流企业的经营风险，尤其是在市场环境欠佳，导致市场萎靡和信息不对称的双重背景下，这些大规模垫付资金的物流企业经营风险也迅速增加。例如：广西某著名物流企业就为某制造企业垫付了2000多万物流费用仍未能收回。如果物流企业垫付的资金过多而回收不及时或难以回收，这些物流企业就会因资金链压力而濒临破产。

尽管近年来广西也兴起了物流整合的浪潮，但大部分制造企业尚未进入供应链整合阶段，制造业与物流业联动的程度和层次还比较低，供应链管理意义上的物流外包的比例低于全国18%的比例，二者的联动亟须大力加强。

二、制约广西制造业与物流业联动发展的主要因素

物流外包有利于加快实物流通速度、节省物流费用、减少在途资金积压，使供需双方都能获得较大的收益，实现共赢。尽管制造企业或多或少有这方面的想法，但在具体实践过程中又举步维艰，难以付诸实施。在制约制造业与物流业联动发展的因素中，既有体制的约束、人为的失误，也有观念的陈旧和技术的缺陷，更关键的还是利益分配问题。这些因素既存在于制造企业方面，也存在于物流企业方面，有的还存在于客观环境方面。

（一）制造企业方面的因素

1. 对供应链管理认识不足

受传统观念的束缚，广西不少制造企业仍热衷于自营物流，并将物流等同于运输和仓储等基本环节，对物流的投入偏少，对现代物流的内涵和作用认识不够，对第三方物流公司的能力和信誉的认知还很低，缺乏足够的信任，担心在供应链上的某些环节受制于人，形成被动，因此在本企业是否进行物流外包的决策上犹豫不决，进展缓慢。

2. 自营物流退出成本较高

广西的老牌制造企业普遍拥有货运车辆、仓库等物流基础设施，多年来在自营物流上投入较大，如果实施物流外包，担心前期投入浪费，员工难以分流，甚至下岗，影响企业稳定。因此，很多制造企业特别是那些目前财务状况较好的企业，从上至下普遍不愿意通过物流外包的方式来改变现有的业务模式，而更想将物流业务做大做强。在当前就业环境严峻的形势下，国有制造企业从维护社会稳定的大局出发，也未能轻言外包。

3. 外包风险较难把控

制造企业将物流外包时，如果物流企业急功近利，违反诚信原则，做出一些不利于制造企业的事情，制造企业将防不胜防，难以进行有效的风险管理。

4. 现代物流的整体规划缺失

早期成立的制造企业在进行总体布局时，大多没有做好物流规划设计，导致物流环节时常出现拥挤、停滞、迂回、倒流、交叉、跳跃等问题，造成时间占用多，空间浪费大，物流效率低下；生产流程不合理，物流流动路径长；重复搬运多，无效搬运占70%左右。此外，目前我国的供应链由制造企业主宰，制造企业总是以降低本企业的物流成本为目标，尽可能地压价，甚至拖欠款，过分强调博弈，较少考虑双赢或多赢，供应链一时难以协同。

（二）物流企业方面的因素

1. 行业发展滞后，能提供高水平物流服务的公司较少

广西的第三方物流公司大多是由传统的仓储、运输企业转型而来，虽然冠以"物流公司"称号，但所能提供的物流服务也仅局限于传统的业务范围，要它们提供全方位的物流服务还是力不从心。

2. 服务水平较低，尚未能与制造业协同发展

广西第三方物流企业由于起步较晚，技术装备落后，管理基础薄弱，造成自动化程度较低，物流效率不高，不能根据市场变化、气候状况、交通状况及企业生产波动来柔性控制库存，库存管理控制达不到理想状态。对供货人信息、产品信息、供货质量信息、供货波动规律、物料消耗等基础数据和信息不善归纳整理，使物流业的发展明显滞后于制造业，难以满足制造业的需求。

3. 管理水平和信息化程度不高，满足不了制造企业所需要的高层次现代物流服务

统计资料显示，近年来，以仓储为主的西方发达国家物流公司年平均资产回报率为7.1%，以运输为主的则达到8.3%，以综合服务为主的更高达14.8%，而广西大部分物流公司的资产回报率目前仅为1%左右，其部分原因在于GPS（全球定位系统）、EDI（电子数据交换）、GIS（地理信息系统）及SaaS（Software-as-a-Service，软件即服务）等集成信息平台在美国已使用较为成熟，提升了工作绩效，而广西的物流企业由于资金投入

不足，普遍缺乏相关技术支撑，造成信息化程度不高，管理水平较低，满足不了制造企业的需求。

（三）两方面共同的因素

1. 两者之间缺乏有效沟通

一方面，制造企业不放心物流企业的服务能力，另一方面，物流企业也不了解制造企业的真实需求，出现了有效需求不足与供应能力不够并存的矛盾，造成广西制造企业物流费用较高，增加了工业产品的成本，降低了广西工业产品在国际市场上的竞争力。

2. 服务内容不够规范

目前，制造企业与物流企业在签订物流外包协议时，有关运作流程、服务方式、信息支持、提高附加值功能等物流服务的条款不够细化，执行起来较难，这就需要双方进行充分协商，明确制定出这些作业的量化参数及违约成本标准，这样才能制作出规范的合同文本。

3. 双方未能从零和走向共赢

两者本应是战略合作关系，而现实中更多的是商业合同关系，没有从零和走向共赢，其主要问题在于彼此之间的短期合作关系及信任度不足，造成物流企业很难深入研究分析，更重要的是无法大范围投资，导致物流企业未能有效突破传统的物流服务范畴，不能提供制造企业所需的供应链整体服务，整合优化在有限的时间和范围内也就无法达成，共赢也就难以实现。

（四）客观环境的因素

1. 存在无序竞争乱象

目前，由于物流企业准入门槛太低，市场竞争规范性不够，导致物流公司数量大幅增长，其设备设施、经营规模、管理方式、经营水平等参差不齐，为了求得生存与发展，难免会打起价格战，形成无序竞争。

2. 信用体系不够健全

物流外包基于委托代理关系，需要以健全的信用体系为基础，尤其是较高层次的服务，更加需要以完善的信用体系作为保障。只有双方信守合同，联动才能有效进行。而实际上，委托方拖欠款，代理方服务不到位的现象却时有发生。

3. 物流服务标准化体系仍需完善

尽管我国已经制定了《商品条码》《储运单元条码》《物流单元条码》等国家标准，但总的来说，物流服务标准化体系的建设仍不够完善，已有标准的推广应用还存在不少问题，制约了广西物流业和外界系统的有效衔接，不但增加了物流成本，还降低了物流效率。

三、实现广西制造业与物流业联动发展的基本对策

（一）政府部门及行业协会要积极作为，发挥应有作用

1.优化制造业与物流业联动发展环境

一要充分发挥民族区域自治的优势，先试先行，制定和完善有关地方性法规和规章，切实规范行业发展秩序，整顿不合理行为；二要加大监控力度，限制不合格企业进入物流市场，遏制恶性竞争；三要给予一定的优惠政策，保障物流闲置设备的充分利用和富余人员的妥善安置；四要建立物流业诚信体系，让制造企业在选择物流外包时有一个参照标准，打消制造业的后顾之忧；五要完善税收政策，对制造业物流外包给予税收优惠。

2.促进制造业与物流业的交流沟通

目前，中央已经成立了国家物流部级联席会议制度，国家发改委和中国物流与采购联合会也组织召开了多届制造业与物流业联动大会，这些都在发挥积极的作用。除了国家推动，广西各级政府和行业协会也应积极探索更多有效的方式，为二者沟通信息、务实合作搭建平台，促进制造业物流流程再造和物流业务分离外包。

3.优化制造业物流布局

通过引导物流企业、银行、商会和中介服务机构进入制造业配套的物流园区，实现物流系统的布局优化，为园区客户提供健全的综合服务，培育物流产业集群。

4.打造制造业与物流业联动发展的示范工程

应以工业城市柳州的制造业与物流业联动发展为试点，以柳州五菱制造企业与桂中海迅物流公司的深度成功合作为范例，积极推进柳钢、柳工、东风柳汽、上汽通用五菱等一批现代制造企业与桂中海迅、广西运德、超大运输等专业化物流企业对接，建立战略联盟，形成示范效应。

5.引导企业走规模化、品牌化的道路

要引导物流企业按照市场游戏规则进行兼并整合、参股控股，打造具有核心竞争力的大企业大集团，努力实现网络化、高效化、规模化经营。要引导物流企业建立战略联盟，形成相互信任、收益共享、风险共担的战略伙伴关系，使得物流企业自觉进行行业自律，避免恶性竞争，打造规模经济效益。要引导大中型制造企业整合内部的物流资源，适时与先进的国内外物流企业合作组建专业物流公司，努力做大做强，提升供应链管理水平。

（二）物流企业要加强学习，提升服务水平

1.钻研业务，努力做出高水平的供应链整合方案

"打铁还需自身硬"，物流企业只有苦练内功，拿出真本事来，深入了解客户需求，

为制造企业量身定制物流方案，优化整合物流资源，提供个性化服务，帮助制造企业有效降低物流成本，才能赢得制造企业的青睐与合作。

2. 要正确定位，主动上门，加强沟通，增进互信

物流企业要转变工作作风，主动上门，积极对接，争取融入制造企业的物流管理过程，谦虚谨慎、真心诚意地把自己变成制造企业的"物流服务部"，至少要把自己定位于制造企业物流服务的忠实执行人和服务顾问，认清物流服务的利益和制造企业的利益是一致的。只有帮助客户做出成绩，创造效益，自己才会获得相应的市场地位。此外，要增加服务的透明度，提高服务透明度会增加合作方彼此之间的信任，信任会增进协作，协作才能发现更多的延伸服务和联动机会。

（三）制造企业要解放思想，创新发展模式

（1）要改变传统的经营理念，努力优化供应链管理体系。要专注于自己的核心业务，剥离一些非核心资产，将物流外包，从大处省钱，增强企业核心竞争力。

（2）要放下老大的架子，加强与物流企业沟通联系，相互增进了解、信任。

（3）要认真选择专业性强、服务水平高、信誉好的物流企业进行长期合作，努力实现共赢。

第五节　广东省制造业与物流业协调发展

广东省在制造业与物流服务业两方面均位居全国前列，但二者之间的发展尚未协调。报告运用理论研究、比较研究、数理统计学等方法进行研究，在分析广东省物流业与制造业联动发展现状、国内外协调发展案例的基础上，选取货运量和货运周转量为指标，利用灰色关联模型计算广东物流业与制造业的关联度，提出广东"双业联动"的政策、措施，构建广东制造业与物流业协调发展创新体系。

一、制造业与物流服务业的内在联系和规律分析

现代物流服务业是一个新兴的产业，属于服务业的范畴，但目前国家统计口径中还没有专列，其相关指标分散在部分服务业产业部门中，比如交通运输、仓储和邮政业等。因此，在研究制造业与物流服务业的内在联系和规律时，同样可以通过制造业与服务业之间的关系进行考察与分析。

（一）从社会分工角度考察制造业与物流服务业的关系

现代物流服务业的产生和发展是社会分工的结果，因为制造业的高度发展是其物流功能逐渐分离出来，成为独立市场主体的结果。制造业是物流服务业的需求来源，物流服务业依赖制造业的发展而发展；而物流服务业是制造业的有力支撑，能有效提高制造业的劳动生产率，增强制造企业的竞争力。二者之间呈现相互影响、相互作用、共同发展的内在联系，存在着一种动态的互补互动机制。正是由于制造业与服务业这种内在联系以及目前逐渐加速融合的趋势，我国著名物流专家丁俊发也撰文指出，第二产业的"第三产业化"是工业化过程中的必然现象，也是必然结果。所谓第二产业的"第三产业化"就是对制造企业"大而全""小而全"的商业运作模式动大手术，把企业非核心业务全部或大部分外包，提高企业自身的核心竞争力。第二产业的"第三产业化"必然发生在工业化的中后期，而我国现正处于工业化中期，加快服务业发展正当其时。

（二）从区域经济理论看区域制造业与区域物流服务业的关系

区域制造业与区域物流服务业是相互依存、相互促进的统一体。区域制造业作为一个区域内的主要经济活动，对区域物流具有决定作用，区域制造业的发展又会促进区域物流的集约性、规模性和环境友好；区域物流服务业作为区域经济的一个重要组成部分，对区域制造业发展具有推动作用，其存在和发展的主要目的，是最大限度地发挥本地区物流设施的能力，实现物资的空间效益、时间效益和各种物流环节的合理衔接，促进本地区经济发展。而且区域制造业与区域物流服务业实际上是区域经济分工和合作的重要部分。区域物流系统的构建必须与区域内部经济发展相协调，与区域内部作为主导产业的制造业协同并进。与此同时，区域物流系统作为区域经济发展的重要支撑，制造业与区域物流系统协同进化可以成为区域经济发展核心竞争能力的一部分，通过区域内部物流资源禀赋的充分利用，构建同时满足区域内制造业和其他产业发展的物流系统，在协同进化的基础上构成区域经济发展的核心竞争力，形成"1+1>2"的整体协同效应。

（三）从产业集群理论看制造业集群与物流服务业的关系

一方面，产业集群的发展为物流服务业提供了庞大的市场空间，促使现代物流的快速发展，以适应集群需求；另一方面，物流服务企业通过不断地改善自身业务流程，提高物流效率，从而降低成本，使集群内的制造企业获取更大的利润；在利润的驱使下，制造业集群和物流服务业只有协同发展，才能获取更大的竞争力提升空间。

二、广东制造业与物流服务业发展现状分析

（一）广东物流业发展现状

广东省是泛珠三角地区的水陆交通枢纽，经过多年的建设，已经初步形成了包括铁路、公路、水运、航空、管道等为主体的齐全的交通运输网络，建立了具有一定规模的物流运输体系，为本省及其周边地区经济的发展作出贡献。

1. 物流总量供给现状

（1）物流经济总量。近年来，广东省物流业得到迅速发展，已成为广东省经济转型升级、高质量发展的重要支撑和拉动经济增长的先导力量。2018 年，广东省实现社会物流总额23.9 万亿元，占全国社会物流总额的 8.5%，2018 年全年实现物流业增加值 7184.6 亿元，占广东省 GDP 的比重为 7.4%，占广东省第三产业增加值比重为 13.6%。2018 年广东省社会物流总费用为 1.38 万亿元，物流总费用占 GDP 比重为 14.2%，略低于全国的 14.8%。从发展趋势看，2009—2018 年间，广东省物流业总额年均增长 10.5%，比广东省 GDP 年均增长速度高 0.1 个百分点，但占全国社会物流总额的比重呈波动下降态势。2018 年较2009 年下降 1.6 个百分点，物流业增加值年均增长 11.9%，较广东省 GDP 年均增长速度高 1.5个百分点，且物流业增加值占广东省 GDP 的比重呈稳步上升态势，2018 年比 2009 年上升了 0.9 个百分点，说明物流业对经济增长的贡献率不断提升。

（2）物流货运总量。从物流货运量看，2018 年广东省全年各种运输方式完成货运量424817 万吨，完成货物周转量 28642.51 亿吨公里，快递业务量为 1296195.7 亿件。2009—2018 年间，货运量、货运周转量、港口吞吐量、集装箱吞吐量、民航货物吞吐量、快递业务量均保持快速增长，年均增长分别为 10%、21.6%、8.3%、8.7%、8.1%、46.3%，公路、港口运输能力不断增长，尤其是快递业务量增长十分迅速，占全国的比重超过 1/4，快递业务收入占比超过 1/5，邮政业第一大省的地位进一步夯实。从各种方式货物运输量占全国比重看，2009—2018 年期间，货运量、货运周转量、港口吞吐量、集装箱吞吐量、民航货物吞吐量、快递业务量占全国的比重均呈现不同程度的提升。其中民航货物吞吐量占全国比例超四成，10 年间提升 7.6 个百分点，快递业务量，货运周转量占全国比重提升最快，由 2009 年的 4% 提升至 2018 年的 14%，快递业务量占比保持波动上升态势，10 年间上升 2.8 个百分点。

2. 物流基础设施供给

（1）交通基础设施。广东作为物流大省，基础设施居国内先进水平。2018 年广东省公路通车里程为 21.8 万公里，其中等级公路里程比重为 96.1%，比全国水平高 4.1 个百分点，高速公路里程达到 0.9 万公里，公路密度为 132.7 公里 / 百平方公里，铁路营业里程为 4630 公里，内河通航里程为 12111 公里，港口码头泊位有 2498 个，其中万吨级泊位有

316 个，民用载货汽车拥有量达 218 万辆，公路营运载货汽车吨位数达 610 万吨，民用航空航线里程达 277 万公里。从基础设施占全国比重看，2018 年公路通车里程、铁路营业里程、内河通航里程、公路营运载货汽车吨位数占全国比重分别为 4.5%、3.5%、9.5%、4.7%。从占比的变化趋势看，除铁路营业里程占比稳步提升外，公里通车里程、公路营运载货汽车吨位数占比呈不同程度下降，这主要是近年广东大力发展高速铁路的原因。2013 年广东省组织培育了首批 20 家示范物流园区，其中林安物流园、南方物流集团物流园、深国际华南物流园先后入选国家级示范物流园区。目前，全省建有各类物流园区超 360 家，主要分为六大类：港口物流园、航空物流园、铁路物流园、医药物流园、公路物流园以及冷链物流园，其中规模较大的超过 20 家，主要分布在珠三角地区。

3. 物流主体供给

物流企业实力不断增强，物流服务能力显著提升。全省现有各类物流企业超 20 万家。截至 2018 年底，广东省共有 A 级物流企业 340 家，其中 5A 级物流企业 28 家，比 2009 年分别增长了 3.3 倍和 3.7 倍，A 级物流企业占全国（5025 家）的 6.8%，5A 级物流企业数量占全国（310）的 9%，数量居全国前列，并涌现了顺丰、宝供、安得、南方、招商局、广东省航运集团等一批现代化、规模化、品牌化物流领军企业。另外，根据广东省统计数据显示，2017 年广东交通运输、仓储和邮政业有法人单位 49663 个，有产业单位数 64235 个。"十三五"以来，我国经济发展进入新常态，受经济结构、产品结构、需求结构的不断调整，以及供给侧结构性改革与降本提质的深入推进，国内物流业正呈现新的发展态势。广东作为中国经济实力最雄厚、开放型经济最具活力、现代物流业最具竞争力的地区之一，无论是在物流发展还是经济发展上，均处于全国领先地位。随着粤港澳大湾区、自贸区等重大战略的深入实施，积极推动物流业降本增效，促进物流业高质量发展是调整广东经济结构、深化供给侧结构性改革、实现高质量发展的重要支撑。

4. 物流环境供给

（1）物流政策供给。2013 年以来，随着供给侧结构性改革的深入推进，国家、省、市等不同层面着重加强行业顶层设计和布局规划，广东省陆续出台系列支持现代物流业发展的政策措施，主要包括综合物流、商贸物流、交通运输等，物流业政策环境持续改善。

（2）物流政务服务。近年来，广东省积极贯彻落实物流业降本增效行动方案，大力推进物流业高质量发展，不断优化物流相关政府服务流程，有效提高了物流运行效率。一是梳理和精简物流行业行政审批事项。2017 年，广东省进一步放宽对物流企业和从业人员资质的行政许可和审批条件。二是继续落实营改增等减税政策，鼓励物流企业申报高新技术企业享受高新企业所得税优惠政策。三是推动广东省电子口岸应用，积极推进国际贸易通关、检验检疫、结汇、缴进口税等关键环节"单一窗口"综合服务体系建设，进一步提高通关效率。广东省自贸区推出国际贸易"单一窗口""线上海关"、进出口商品全球质量溯源体系等一批标志性改革措施，通关效率整体提升 50% 以上，其中"互联网＋易通关"改革为全国首创。

（二）广东制造业发展现状

自1978年以来，广东经济一直处于全国领先地位，是我国制造业强省，也是我国制造业的重要聚集区。广东产品专业集中程度较高，绝大多数产品集中于轻工家用产品，家用电器、方便食品、装饰材料、服装、鞋业、塑胶、家具、饮料和医药占广东工业产值的70%以上。近年来，广东各级政府陆续出台了关于工业产业结构调整、提高工业产业竞争力等措施，全省工业产业结构逐步合理化，制造业作为工业最重要的一部分，也已经成为广东经济增长的一个重要支柱。数据显示，广东省制造业近年来保持快速增长，九大支柱产业对广东工业增长的主导作用不断增强，制造业的外向型特征明显且制造企业大部分聚集在珠三角地区。

1. 广东高技术制造业发展现状

根据对广东省高技术制造业产业增加值统计，2016—2019年四年间，从发展态势和在本省所处的重要地位来看，广东高技术制造业发展是非常快的，2017年增加值达到了13.2%，更可喜的是占规模以上工业增加值的比重逐年增长，2019年高技术制造业占规模以上工业增加值比上年提高0.5个百分点，比重更是上升到32%。从产品看，航空、航天器及设备制造业和医疗仪器设备及仪器仪表制造业两种类别增长非常快，增长百分比分别达到了17.1和16，电子及通信设备制造业的增长也达到了8.3%，医药制造业只增长了0.5%，而信息化学品制造业和计算机及办公设备制造业却呈现了下降趋势，分别减少了24.7%和7.9%。广东省在面对高技术制造业自身发展的大数据背景下，抓住先机，大力推进促进医疗仪器设备及仪器仪表、航空航天器高技术制造等产业发展的政策措施，发挥支柱产业引擎作用，优化产业结构，推动高技术制造业成为广东经济增长的重要力量。

2. 广东制造业存在的问题

包括产业集群发展不平衡，差距（尤其是地域差距）呈扩大趋势；政府管理体制不顺，机制不活，加上法制不健全，改革相对滞后，组织结构分散，产业结构难以优化；企业规模依然较小，大型企业集团所占比重不高，且企业普遍存在"大而全，小而全"的情况；大部分制造企业产品附加值低，产业链条短，绿色制造水平低，技术装备老化，工艺落后，创新能力不足，科研与市场衔接不理想，成果转化率低，可持续发展能力不强；大中小型企业之间未能形成合理的专业化与分工协作关系。这些都在很大程度上制约了制造业的发展速度。

（三）制造业与物流业发展水平差异分析

广东作为经济大省，工业发展位居全国前列，但对流通产业却不够重视，物流系统化、标准化、专业化、共同化、现代化尚未形成，物流业发展相对于工业发展滞后，并且已影响到广东整体经济增长的步伐，成为广东整体经济运行质量及产业竞争力提升的瓶颈，也是阻碍广东经济持续增长的障碍。发展广东物流业，提升物流企业整体素质，使其与广东制造业大省的地位相协调，是促进广东制造业进一步深化、整体经济进一步发展的重要举措，也是广东构建现代产业体系的重要内容。因此，加速广东省物流业和制造业联动协调发展显得尤为迫切。制造业与物流业的联动发展，有利于制造业降低成本，提高效率，促进产业转型升级；有利于集聚和释放物流需求，整合全社会的物流资源，提高物流业的整体服务水平和服务质量，对促进产业结构调整与优化升级，加快经济发展方式转变有着积极的推动作用。

三、基于灰色关联分析的广东制造业与物流服务业协调性研究

从定量的角度，利用近年来广东省的实际经济数据，采用灰色关联分析法来分析目前在广东全省整个经济系统中，制造业与物流服务业相互之间的关系到底处于什么样的状态，其协调性是否符合产业之间以及整个区域经济系统的发展规律。

（1）报告选取了货运量、地区生产总值、第一产业增加值、工业增加值、第三产业增加值、居民消费水平、对外贸易进出口总额等指标作关联度分析，并对数据进行无量纲化处理。

（2）运用灰色关联分析方法计算得出，货物运输量、货物周转量与各相关指标的关联度基本一致，其关联度均超过或接近 0.75。可以看出，与这两项代表物流服务业的指标关联度最高的分别是第一产业和对外贸易进出口总额，其灰色关联度均超过 0.90；其次是地区生产总值、居民消费水平和第三产业。与货物运输量和货物周转量灰色关联度较低的是社会消费品零售总额，其灰色关联度为 0.7492。

（3）工业增加值与物流服务业两项参考指标的关联均值为 0.7575，小于 0.85，说明目前广东省制造业与物流服务业的协调水平处于较协调阶段，但与充分协调还有较大差距，并且同第一产业、第三产业与物流服务业的协调程度相比，还有一定的距离，可见广东制造业与物流服务业的发展有一定的滞后和脱节。而居民消费水平与两项参考指标的均值分别为 0.7940、0.7492，均未超过 0.85，协调性也处于不太充分状态，说明广东物流服务业的发展在商贸流通领域仍需要进一步提升，需要进一步加速商品流通，从而促进物流服务业的发展。

四、广东制造业与物流服务业协调发展的对策

（一）提高认识，积极发挥政府的引导和促进作用

借鉴美国、日本、英国等国家促进产业互动发展的成功经验，政府应在政策、法规、规划等方面积极进行引导和规范，以促进"两业"良性互动发展。一方面，政府主管部门

要根据产业融合的具体需要，结合广东的实际情况，制定制造业与物流服务业协调的中长期发展规划。突破行政区划界线的制约，完善各城市的功能规划，大力发展专业型的配套园区，尤其是专业型的生产性服务业园区，明确各园区的产业发展与功能定位，避免无序竞争。另一方面，为了给两大产业的协调提供良好的发展环境，政府要转变职能，增强服务意识，简化办事程序，提高办事效率，从政策、资金、技术、税收等多个方面给予支持和扶助。此外，还要加强诚信建设，培育良好的信用环境和市场经济秩序。

（二）积极推进物流外包，促进"两业"联动发展。

1. 创新物流管理模式

目前广东物流企业大多数规模小、专业化服务程度不高，大部分物流企业不能满足制造企业急需的一体化服务，特别是在物流方案设计及供应链全程服务等方面能力不足。因而要整合优化业务流程，分离、分立物流资产和业务，创新物流管理模式，积极释放物流需求的同时，更要鼓励、引导和扶持物流企业做大做强，做精做细，不断提升服务能力，积极参与供应链竞争。

2. 提高企业的物流管理水平

制造企业要充分认识到物流在企业经营中的战略性地位，通过企业流程再造，将内部分散的物流功能整合起来，不断提高物流技术的应用程度和企业物流管理的水平，逐步实现企业内部物流一体化。在企业内部物流管理一体化的基础上，适当进行外包，将物流服务中附加值低的部分、采用自营方式难以产生规模效益的物流环节外包出去，如仓储、运输等环节，而物流计划、管理等环节继续采用自营模式。

3. 开发一批现代化物流设施设备

鉴于广东物流业发展还处于依靠硬件设施不断更新、数量扩张的外延式发展阶段，对制造业的需求大，广东制造业要进一步研发、制造现代化的运输、仓储、装卸搬运、包装、流通加工等物流设施设备，为广东物流业的发展提供硬件支撑，进而提升物流业为制造业服务的能力和水平。

（三）统筹园区规划建设，整合提升制造业集聚区的物流功能

在规划建设工业园区、经济开发区、出口加工区、高新技术产业园区等制造业集聚区的同时，统筹集聚区内的物流服务体系，严格控制区内制造企业自营物流用地，统一规划建设综合物流园区和专业物流中心，倡导集聚区内物流基础设施资源互动、资源共享、资源共建，最终形成布局合理、竞争力强、功能完备的制造业物流网络，提升制造业物流配套服务能力，促进物流业与制造业联动发展、同步发展。

（四）结合区域制造业发展，优化区域物流业布局

鼓励珠三角地区大力发展汽车、电子、家电、医药、装备制造等领域的第三方物流，积极发挥港口、公路、铁路、航空物流基础设施优势，合理规划建设一批具有专业性或综合性的电子信息、家电、家具、服装、装备制造、玩具、陶瓷和金属加工等区域物流中心，进一步建设成为我国乃至亚太地区重要的物流中心。东西两翼地区，以汕头、湛江枢纽港为依托，充分利用高速公路和铁路，增强对外辐射能力，建成华南东部与西南沿海大型物流中心。北部山区，结合珠江三角洲地区产业转移及省级产业转移园区建设，大力发展生产性物流业，以物流业带动山区制造业发展。

（五）提高信息化水平，为"两业"融合发展创造条件

加强"两业"联动发展，要注重物流企业信息化建设的投入、发展力度以及加强政策扶持、引导。鼓励制造企业在企业物流管理流程规范化、核算精细化的基础上，积极推进物流管理的信息化进程。支持制造企业、物流企业建立面向上下游客户的信息服务平台，实现数据实时采集和对接，建立物流信息共享机制，并鼓励制造企业和物流服务企业按行业建立全省、区域甚至全国性的专业物流服务交易市场，建立公共物流信息服务平台，加强制造业与物流服务业信息的沟通，促进"两业"的协调发展。

（六）建立长效沟通机制，实施制造业与物流业联动发展示范工程

建议由省发改委牵头，成立共同推进办公室，负责全省制造业与物流服务业协调发展的有关规划、政策和组织工作。通过试点、示范，总结经验，逐步推广，起到以点带面的效果，以行业、企业、区域为基础确定"两业"试点单位，优先发展。鼓励企业结成供应链合作伙伴，形成联动发展组合，共同实施联动发展的示范工程。政府对参与示范工程的企业，要制定相应的扶持政策和激励措施，使参与各方都能享受到联动发展带来的益处，提高参与联动工程的积极性。

第六节　产业集群内制造业促进物流业发展

近年来，产业的集群化特征越来越明显，Michael Porter（迈克尔·波特）系统地提出了产业集群的概念，波特认为产业集群是一个聚集体。① Michael Porter 提出了竞争经济学

---

① 迈克尔·波特. 国家竞争优势 [M]. 李明轩，邱如美，译. 北京：华夏出版社，2000：139-148.

的产业集群理论，进一步阐释了集群的概念，强调了集群的竞争优势。① 产业集群由一组相互关联的产业构成，每一个产业拥有许多上下游企业。刘辉认为随着产业集群的发展，在一定空间范围内产生了大量的物流需求，为物流园区的建设和发展提供了前提条件。② 产业集群内物流园区的建设为物流业的发展提供了硬件基础，为物流业的发展铺平了道路。产业集群内的制造业希望获得专业化、个性化、信息化的服务，物流业为了满足制造业的需求，不得不努力提高自身能力，促进物流服务向专业化、个性化、信息化方向发展。

现在是国际化的时代，全球采购和全球销售将成为趋势，产业集群要获得竞争优势必须走国际化道路。为了与制造业更好地合作，物流业将开展国际物流服务，推动了物流业的国际化发展。所以，在产业集群发展的过程中，制造企业的物流服务需求量不断增加，对物流服务的质量要求也越来越高，这些都促进了物流业的发展。

一、物流需求增加为物流业发展带来机遇

产业集群是由一组相互关联的产业构成的，每一个产业拥有许多上下游企业，产业集群内的企业数量很多，随着产业集群的发展不断有企业加入进来，产业集群的规模逐渐扩大。产业集群内企业的分工越来越细，企业之间的物流量越来越大，同时由于分工的细化，制造企业越来越专注于自己的核心业务，物流外包的比例逐渐扩大。所以，在产业集群发展的过程中，制造企业的物流需求不断增加。在制造企业集聚的过程中，它们对物流服务的需求量越来越大，致使市场规模扩大，物流企业的种类和数量增加，形成了产业集群物流供应方。

物流园区是重要的物流节点，建设物流园区的地点，其周围区域必须拥有发达的经济，有足够的物流需求，不然物流园区就没有生存的前提条件。制造企业集聚产业集群形成，物流量增加，原因在两个方面：一方面，大量企业受到产业集群的吸引不断加入集群，集群的规模不断扩大，集群拥有的企业数量不断增多；另一方面，集群内的企业分工逐渐细化，物流量增加。产业集群内中小企业占大多数，它们自身的物流量不够大，无法形成规模经济，而且它们的资金、技术能力有限，组建自己的物流系统比较吃力，所以它们把物流业务外包。这样，产业集群形成了大量的物流需求，为物流园区的建设和发展创造了条件。

物流园区的建设将吸引不同功能的物流企业入驻，例如：包装企业、运输企业、仓储企业、流通加工企业、配送企业等。不同功能的物流企业能有机嵌入整条供应链的各个环节，从原材料供应商、制造企业、批发商、零售商一直到最终顾客，使集群中通过精细分工的制造企业经过物流园区中物流企业的有效连接，形成一条流畅的供应链，保证制造企业物流运作的高效率和低成本。物流园区为集群提供物流服务的可靠平台，随着入驻的物

---

① Porter M E. Clusters and new economics of competition[J]. Harvard Business Review, 1998(6): 77-90.

② 刘辉. 产业集群与物流园区的互动发展研究 [J]. 商品储运与养护, 2007(2): 12-15.

流企业越来越多，物流企业集中精力专注于自己最有竞争力的服务功能。这将促进物流企业的进一步分工，促使物流服务效率和服务水平提高，形成一个能够提供高水平物流服务的产业集群。

二、专业化、个性化的物流需求带动物流业发展

（一）产业集群内物流向专业化方向发展

产业集群是由一组相互关联的产业构成，生产产品类别相同或者相似，物流需求有相似性，这使得产业集群内的物流企业经营更具有专业化特征，刺激了物流发展的专业化。汽车物流分为整车物流和零部件物流，对于零部件的仓储、包装、配送，因为数量大、品种多，操作起来非常复杂，需要专门的仓库、包装材料、配送管理方法才能正常运营。食品物流则对安全、卫生、温度、湿度的要求比较高，操作的复杂程度要低得多。化工物流方面，因为不同的化工原材料形态和化学性质不同，在仓储、包装、运输过程中要求各不相同。所以，服务于某一行业的物流公司必须拥有一整套的专门设施、设备和专门技术。日本日捆公司在汽车物流方面，公司配备专用铁路集装箱、专用运输货车等专业化的装备，设立专门的仓库。公司还拥有专业的包装设计技术部，为客户设计最合理、最经济、高质量的包装。产业集群物流需求的专业化促进了物流服务的专业化，促进了物流管理方法、物流技术的专业化。专业化提高了物流服务的效率，同时也提高了产业集群的竞争力。

（二）物流技术的开发利用

物流技术是指在物流活动的各个环节中所使用的各种设施、设备、工具和材料以及各种技能、作业流程和管理方法等。信息技术是现代物流技术的核心，也是区别传统物流与现代物流的根本标志。产业集群制造企业与物流企业联系紧密，在合作过程中互动频繁，更利于专业物流技术的开发。另外，大量提供类似物流服务的企业聚集在一起便于相互学习、促进，也有利于物流技术的发展。

（三）个性化物流服务广泛出现

满足客户需求，为客户服务是现代物流的根本宗旨，为客户提供个性化服务是物流企业在激烈竞争中生存与发展的前提条件。虽然，产业集群内的制造企业生产相同或相似的产品，它们的物流需求类似，但每个企业有其自身的特点，它们服务的客户群体不同，生产方式、管理方式、物流系统均有差异，它们也需要个性化的物流服务。产业集群内存在许多条供应链，这些供应链具有层次性，包含了各种各样的个性化物流需求，物流企业在为它们服务的过程中不断积累经验，个性化服务的能力不断提高。

安得物流有限公司成立于2000年1月，它是美的集团剥离物流业务而成立的一家物流企业，起初美的控股70%。安得物流从成立开始不断响应客户需求，为客户提供专业的

个性化服务，在与客户的紧密互动中获得了发展。

三、产业集群嵌入全球价值链促进物流国际化

（一）产业集群嵌入全球价值链实现升级

某一产业的价值链是由该产业的各项价值创造活动构成的一条完整的链条。价值链中，各个环节的价值活动可以根据其自身特征在全球范围内的不同地区分布，形成全球价值链，各个环节由最擅长这一环节的区域完成。发展中国家地方产业集群根据所处区域和自身特征专注于全球价值链的一个或几个环节，突出核心能力从事自己擅长的活动。通过嵌入全球价值链来实现制造业升级是一条可行的途径。在全球价值链中不断挖掘自身内部的潜力，提高产业集群的运行质量，同时也要积极适应外部环境的变化不断完善自己，这样才能在激烈的全球竞争中生存下来，并获得发展。

（二）产业集群"外向"发展推动物流国际化

在产业集群融入全球价值链的过程中，全球采购、全球销售带来国际物流需求的迅速增加。对于服务于产业集群的物流企业来说，必须开展国际业务，不然就会失去市场。物流企业将采用不同的方式开展自己的国际业务，在实践中积累经验，不断完善。所以说，产业集群嵌入全球价值链将促进物流业的国际化发展。

开展国内物流服务的运作网络只要覆盖全国，若要开展国际物流服务，物流网络就会拓展到国外，投资会增加，管理难度加大。物流服务国际化必须有国际信息系统的支持，国际信息系统的建立和管理比国内信息系统复杂得多，每个国家物流发展水平不同，信息化程度不同，要与它们进行信息交换会存在许多障碍。开展国际服务对标准化的要求高，标准不统一就不可能实施国际联运，现在美国、欧洲基本实现了物流设施和工具的统一标准。我国物流企业应学习他们的标准，主动与他们靠拢，为将来提供国际物流服务打好基础。

随着产业集群的发展规模逐渐扩大，产业集群内企业的分工越来越细，企业之间的物流量越来越大，同时由于分工的细化，制造企业越来越专注于自己的核心业务，物流外包的比例逐渐扩大，物流服务需求不断增加。物流需求的增加为物流业的发展创造了条件。产业集群内物流需求比较相似，物流服务专业性更强，刺激了物流专业化的发展。信息化水平是区别传统物流与现代物流的根本标志，集群内制造企业与物流企业联系紧密，在合作过程中互动频繁更利于物流技术的开发。大量类似的物流企业聚集在一起便于相互学习，有利于物流技术的推广和应用。物流属于服务业，满足客户需求，为客户服务是其根本宗旨。

发展中国家地方产业集群通过嵌入全球价值实现制造业升级是一条可行的途径。在全球价值链中不断挖掘内部潜力，提高产业集群的运行质量，同时也要积极适应外部环境的变化不断完善自己。物流企业将采用不同的方式开展自己的国际业务，在实践中积累经验，不断完善。物流需求专业化、多样化促进了物流服务的专业化和个性化，产业集群融入全

球价值链的过程促进了物流的国际化发展。所以，产业集群内制造业的发展促进了物流业的发展。随着入驻集群的物流企业越来越多，一些物流企业逐步放弃自己不太擅长的服务项目，集中精力专注于自己最有竞争力的服务功能。

参考文献

[1] 陈星．传统制造业向新型制造业转变的重要性 [J]．现代经济信息，2011（7）：236.

[2] 王晓艳．制造业与物流业联动发展的机理和模式研究 [J]．物流技术，2009（28）：6-8.

[3] 顾乃华，毕斗斗，任旺兵．生产性服务业与制造业互动发展：文献综述 [J]．经济学家，2006（6）：35-41.

[4] 李庆杨，孙秀秀．刍议生产性服务业与制造业的互动发展 [J]．经济问题，2009（10）：35-36.

[5] 章晨．物流业与制造业互动发展研究 [D]．南京：南京财经大学，2013.

[6] 彭本，冯良清．现代物流业与先进制造业的共生机理研究 [J]．商业经济与管理，2010（1）：18-25.

[7] 王珍珍，陈功玉．制造业与物流业联动发展的竞合模型研究：基于产业生态系统的视角 [J]．经济与管理，2009（7）：28-34.

[8] 王珍珍，陈功玉．制造业与物流业联动发展的演化博弈分析 [J]．中国经济问题，2012（3）：86-97.

[9] 王珍珍，陈功玉．我国制造业不同子行业与物流业联动发展协调度实证研究：基于灰色关联模型 [J]．上海财经大学学报，2010（3）：65-74.

[10] 王珍珍．我国制造业与物流业联动发展的时空分异探析——基于灰色关联模型的实证研究 [J]．福建师范大学学报（哲学社会科学版），2012（3）：31-39.

[11] 高觉民，李晓慧．生产性服务业与制造业的互动机理：理论与实证 [J]．中国工业经济，2011（6）：151-160.

[12] 施国洪，赵曼．基于 DEA 的江苏省物流业与制造业协调发展评价 [J]．科技管理研究，2010（9）：62-65.

[13] 崔晓迪．基于 DEA-GRA 双层模型的制造业与物流业联动效果分析——以天津为例 [J]．科技管理研究，2011（23）：96-100.

[14] 韦琦．制造业与物流业联动关系演化与实证分析 [J]．中国财经政法大学学报，2011（1）：115-119.

[15] 苏秦，张艳．制造业与物流业联动现状分析与国际比较 [J]．中国软科学，2011（5）：37-45.

[16] 程永伟. 我国制造业与物流业联动发展的测度及影响研究 [J]. 中国经济问题，2013（1）：62-71.

[17] 张沛东，王茂林. 天津制造业与物流业的联动发展与升级 [J]. 现代管理科学，2013（11）：73-75.

[18] 董千里，张林，申亮. 制造业与物流业联动发展的产业协调度研究 [J]. 技术经济与管理研究，2015（3）：119-123.

[19] 孙家庆，蔡静，孙倩雯. 港口物流业与制造业联动发展的关键影响因素研究 [J]. 物流技术，2013（32）：122-124.

[20] 张季平，骆温平，刘永亮. 营商环境对制造业与物流业联动发展影响研究 [J]. 管理学刊，2013（5）：25-33.

[21] 沈文装. 物流业与制造业联动关系影响因素研究——基于物流企业的实证研究 [D]. 杭州：浙江工商大学，2014.

[22] 马晓倩. 我国物流业与制造业联动发展影响因素的实证分析 [J]. 物流科技，2017（8）：18-20.

[23] 李正锋. 制造业与物流业联动发展信任关键影响因素研究 [J]. 物流工程与管理，2018（40）：6-9.

[24] 梁晓杰，刘芳，东朝晖. 政府推动物流业发展的国外经验借鉴 [J]. 中国流通经济，2012（1）：33-38.

[25] 黄有方，严伟. 我国制造业与物流业联动发展的趋势及建议 [J]. 上海海事大学学报，2010（1）：1-6.

[26]Wang Q Y. Progress of transportation development in China[J]. Journal of Transportation Systems Engineering and Information Technology，2007（1）：1-11.

[27]Cohen，Zysman. Manufacturing matters：the myth of the post in dust rial economy[M]. London：Basic Books，J1，1987.

[28]Daniels P. Services Industries：geographical appraisal[M]. London：Methuen，1985.

[29]Coffey W J. Forward and backward linkages of producer service establishments：evidence from the montreal metropolitan Area[J]. Urban Geography，1991（7）：22-26.

[30]Jayanth Jayaram，Keah-Choon Tan. Supply chain integration with third-party logistics providers[J]. International Journal of Production Economics，2010（6）：42-46.

[31]Taylor，Colleen. Infineon combines manufacturing logistics in fablite shift[J]. Electronic News，2007（5）：26-35.

[32]Goe W R. Producer services：trade and the social division of labour[J]. Regional Studies，1990（4）：327-342.

后 记

先进制造产业与物流行业聚集程度进一步提升。目前，物流企业呈现出企业品牌集聚、市场逐渐融合的趋势，在快递物流、电商物流、零售物流等细分市场尤为突出。同时，不断革新服务创新模式的物流企业，在升级物流服务的同时，也在向制造业生产加工活动提供原材料采购、零部件供应、仓储服务和产成品配送方向延伸。不断提升的制造物流业服务在全国各地得到了广泛的应用。同时，也促使我国专业化制造业物流基地与各地支柱性行业高度聚集、融合、快速发展。而各地的功能性服务和跨空间网络的物流基础设施广泛分布于相应的工业区及相关产业园区，极大地优化了制造业结构。

制造业与物流业金融供应链一体化态势。制造业与物流业之间的产业联系进一步加强，业界一致认为应加快产业链整体优化速度，让制造业产业链尽早迈向整合供应链管理的新里程。例如：宝钢集团和下游船舶供应商实行"批量订购、分批交付、加工交货"的船舶交付方式，采用上下游供应链的合作方式，给企业额外提供定制钢材切割及配送相关服务，在减少钢材库存的同时，缩短货物准备和交付的前期时间，并降低物流成本。在我国上海等地，电子信息产业采用多种供应商管理库存物流模式，大批量国际仓储物流为大峰、英国等制造企业提供精益生产物流服务。

物流信息化水平的提升增强。制造业物流联动效应依托物流业和信息技术的综合发展，智能物流设备、自动化立体仓库、自动分拣设备等现代物流设施将进入快速发展时期，车联网、物联网、大数据、云计算等技术的成熟发展，加快信息网络技术和物流业融合的步伐，信息网络技术对物流业务的支持能力进一步增强，使得物流需求与供应得以快速衔接和应用，系统性能也相应升级。时下，物流信息网全网支持所有港口、出口加工区、自贸保税区等地区，为加工制造企业和国际物流公司提供了覆盖面广、检索便捷的多方位链接入口。这个物流信息平台给先进制造产业搭建了上下游供应链体系的基本框架，实现物资配置、管理及线上支付等功能，物流得到充分整合及运用，为制造业发展提供了源源不断的动力。